U0037342

La Educación Autónoma
Donde Quepan Muchos
Construye Mund...
Mundos Verdadero...

Latin America
魔幻中南美

偉大夢想和著荒謬情節譜出的魔幻神曲
忘情地舞出中南美笑中帶淚的寫實人生

劉政暉 著

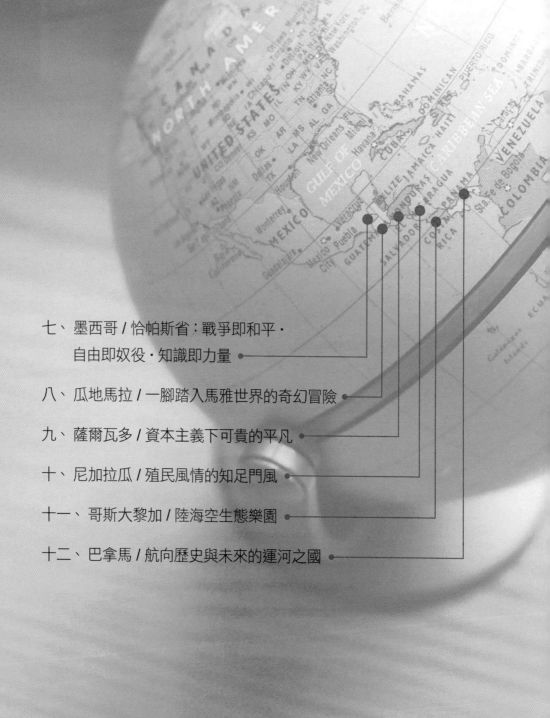

推薦序

　　第一次與政暉見面的地方是葡萄牙的里斯本，當時我擔任我國駐葡萄牙代表，他到葡萄牙當背包客，曾到辦公室來看我，我們有過一次愉快的談話。我對他剛服完兵役，年紀輕輕就背起簡單行囊闖蕩歐洲及中東的勇氣印象深刻。幾個月後，政暉將旅遊經歷集結成書並在出版前夕邀請我寫序，可惜由於那時剛奉到政府的訓令改調巴拿馬，行前諸事蝟集而未能如願，頗感遺憾。

　　2012年初，我抵達巴拿馬不久就得到政暉即將前來巴國一遊的消息，於是立刻邀請他抵巴時來大使館一晤並共餐暢敘。一年多過去了，再度接獲他即將出書介紹遊歷中南美洲十幾國的經過情形，並再度邀請我寫序，實感榮幸。本人任職外交部近三十年，絕大部分的時間不是奉派在這個地區的國家工作，就是在台北辦理與本地區國家關係的業務，因此對拉美還算有些認識，於是就義不容辭接受了邀請。

　　本書介紹的是政暉自助旅遊拉美國家的經歷。拉美有18個西班牙語系國家，其中兩國地處毗鄰的加勒比海（古巴及多明尼加），以前都是西班牙的殖民地；此外，還有葡萄牙前殖民地的巴西，法國前殖民地的海地以及荷蘭前殖民地的蘇利南。當然加勒比海也有一些英國前殖民地如千里達、巴貝多、巴哈馬等多國，所以將該地區簡稱為拉美加。由前述

可知，西班牙語乃是中美洲及南美洲（中南美），或簡稱拉美的主要語文。拉美幅員廣袤、人口眾多，且天然資源豐富，當地有地球肺臟之稱的亞馬遜熱帶雨林，有全世界最寬、位於巴拉圭、阿根廷及巴西邊界的伊瓜蘇（Iguazú）大瀑布，有一望無際的阿根廷彭巴（Pamba）大草原，有長達四千二百多公里全世界最狹長的國家智利，有啟發達爾文寫成《進化論》一書，位於厄瓜多的大海龜島（Galápagos），也有連接太平洋與大西洋全球七大工程奇蹟之一的巴拿馬運河。在文化上，墨西哥的阿茲提克（Azteca）文化、中美洲的馬雅（Maya）文化，以及南美洲的印加（Inca）文化，都是曾經輝煌一時，令人著迷與驚嘆的古文化，十分值得前往參觀、研究與瞭解。

常在報章雜誌上看到「拉丁美洲是我們的外交重鎮」之說法，事實上的確如此。記得1984年我剛考上外交人員特考，那時我們的邦交國有22國，其中就有14國在拉美加地區。30年過去了，2014年的今天，我們的邦交國從幾年前的近30國又回到22國，其中12個仍然是拉美加國家。這個地區的友邦對中華民國長期的支持與協助真是值得我們衷心感謝並多加瞭解。然而，由於距離遙遠以及語言文化的隔閡，再加上資訊不足，我們一般國人對這個地區的認識恐怕還是相當有限。長期以來，國人對拉美加地區的印象無非是貧窮落後、社會動盪、治安欠佳，軍事政變及內戰頻傳。當然，產生前述負面印象的因素過去確實存在過，但是每個國家都有其獨特性，且各不相同，不應一概而論；尤其過去二十多年來該地區普遍在「第三波」民主化浪潮的洗禮下紛紛成為民主國家，軍人多已歸政，不再干政，「軍事執政團」（Junta militar）一詞已逐漸在人們的記憶中淡

　　化。此外，由於該地區天然資源豐富，若干國家政府治理有方，經濟成長蓬勃，社會因而較為穩定，逐漸擺脫貧窮之苦。縱使如此，長期以來所造成的負面印象往往使國人對前往拉美加地區旅遊裹足不前，相當可惜。因此，能夠提供更多有關本地區資訊的專書或文章問世，增進國人對拉美加現況的了解，也就更彌足珍貴了。

　　拜讀政暉的大作後得到一些印象。首先，他在每個受訪國家待的時間都不長，可能是3至5天，甚至是2至3天。在這麼短的時間內，要以有限的西班牙語聽說能力深入瞭解這些國家恐怕並非易事。政暉能夠在幾乎是蜻蜓點水的遊歷後就能蒐獲資料，寫出相關報導與心得已屬難得。

　　其次，他很有冒險犯難的精神。他在前言中敘述從洛杉磯到墨西哥的航行中空服員就曾警告他墨國很危險，天天有兇殺案。然而，他不為所動，無所畏懼的踏上征途。結果證明了外界的印象並不一定全然反映實情。當然，由此也間接證明媒體報導的巨大影響力。他勇於探險的特質與「媽寶」們形成強烈對比。

　　第三，或許是因為旅費並不豐裕，政暉在薩爾瓦多投宿每晚僅6美元的旅店，旅館房間的條件可以想像。他吃苦耐勞的精神令人印象深刻，所觀察到的民情也因而與一般住觀光飯店的遊客不同。

　　第四，在哥斯大黎加時住進了一間「充滿霉味又潮濕的旅社」，使他興起「……早知道……我就……」的想法，以及在巴拿馬與其他國家的冒險經歷等事，在他下一次的旅途中應該不會再發生了，當然，這些經驗對於有意追隨他腳步去拉美加旅遊的朋友來說，仍是可供參考的寶貴資料。

　　最後一點，他在書上寫到「身在台灣的我們，對拉美有過度美好的遐

想」，所以，他希望藉由本書能將拉美的美與悲同時呈現出來。誠然，每一個國家都有它的美與醜，喜與悲，沒有在當地住過，而且用心觀察、仔細領略的人是很難真正體會出來的。可喜的是，政暉對拉美的認識已經踏出了勇敢的第一步，希望他未來有機會能繼續深入探索魔幻拉美。更歡迎國人除了參考相關書籍，也不忘多上我國外交部或是我國駐中南美國家大使館或代表處的網站，蒐集有用資訊並務必記下各相關館處的急難救助專用電話（駐巴拿馬大使館：507-66721256），做好旅行前的萬全準備，前來親身感受這一個五百多年前哥倫布所發現的熱情奔放、豐富多元，而且充滿機會與希望的新大陸。

中華民國駐巴拿馬共和國特命全權大使

周麟

自 序
真實中的不真實

　　中南美洲，俗稱拉丁美洲，聽聞這一名詞，很自然地在心裡描繪出一場在陽光下的沙灘上舉辦的嘉年華，當森巴音樂漸漸在耳邊響起，似乎一切是那樣的魔幻而不真實⋯⋯進一步追憶，腦海裡浮現出新聞片段，話題總是不出天災、社會案件、嚴重的貧富差距與通貨膨脹率等，此時又不禁為那塊土地的殘酷現實而搖頭，到底真正的中南美洲是怎樣的情景呢？

　　三毛接受聯合報贊助而完成《萬水千山走遍》一書，至今已經三十年了，她懷著悲天憫人的胸懷和開闊的視野，將中南美洲原住民的真善美忠實呈現出來；而愛德華多・加萊雅諾的《拉丁美洲：被切開的血管》和張翠容的《拉丁美洲真相之路》，也描繪了古往今來既真實又殘酷的拉美歷史與見證；就在我對於中美洲的好奇與嚮往之心已經大到無以復加之際，和熱愛挑戰的熱血大學同學11正巧贏得了臺中市新社區休閒農業導覽發展協會的「新社夢想飛行資助計畫」，我的中南美圓夢之旅終得以展開。

　　想起幾年前甫結束學生生涯，我到部落擔任英語專長替代役，這段生命經驗改變了我的一生——因盼望保有赤子之心，得以繼續和臺灣這群最天真活潑的新希望們一起成長。非營利組織的工作一直是我的第一選擇，然而媒體推崇拜金、奢華，以及家人和社會提早加諸在孩子身上的過大經濟和現實壓力，「夢想」這一詞，似乎已經遠離台灣的孩子了，而這並不是我想看到的臺灣未來。

我思忖，該如何讓這趟旅程更有意義？

　　中南美洲距離臺灣非常遙遠，那邊的孩子懷著什麼樣的夢想？拿起相機，沿途我們到了墨西哥、智利、阿根廷、祕魯與瓜地馬拉，接著我再獨自縱越薩爾瓦多、尼加拉瓜、哥斯大黎加與巴拿馬，照片與影片將這些魔幻的人文景觀一一記錄下來，也忠實地將寫實故事帶回台灣；超乎我所預期，中南美孩子堅強的生命力與笑容，喚起了台灣學子心中逝去已久的想像力，在一場場的校園分享後，我漸漸找回做夢的勇氣，我將其歸功於一切以「人」出發的中南美魔力。

　　一個日本朋友曾說，他所遇過的中南美洲人，幾乎都是心動的比腦筋還快，像是在他們還沒意識到說出「我愛你」會有什麼結果時，話已進入對方的耳朵；如此浪漫又多情的民族，總是吸引世界各地人們的目光，卻也出現無止盡的社會問題，正是這股拉美人的熱情與真誠，中南美的旅程才會如此令人難忘。

　　本書希望透過文字，將拉美人對於現實的無奈、燃燒生命的熱情、真誠的情感及最神秘壯闊的景緻呈現在讀者眼前，因此，請放下你的拘謹與既有印象，讓中南美的魔幻寫實魔力席捲你那顆想望旅行且悸動的心。

Contents

Contents

Contents

目　錄

序曲

洛杉磯機場阿姨的一句話

　　再次出發！這次即將踏上距離台灣非常遙遠的中南美洲。　程前的緊張感，並沒有因為這次冒險之旅多了一位同伴11而紓解，一陣不安如同藤蔓攀爬上樹一般，慢慢地盤據我的心頭。然而一想到二十個小時後，就能一睹那魔幻之地——中南美洲，便讓我興奮不已！

　　桃園機場正在加緊趕工，期待有朝一日，台灣的國門也可以讓我們驕傲。二航廈裡面的裝潢有著濃濃的台灣鄉土味，三太子站在那裡還蠻討人喜歡的，暗自希望祂的風火輪可以帶著我走遍萬水千山，收穫滿滿的回國。

　　經過了十三個小時的飛行，終於抵達洛杉磯國際機場，距離轉機還有三個小時，我們決定先去check in這班前往墨西哥城的航班。將行李放上行李秤後，阿拉斯加航空公司的地勤媽媽，眼睛先看了我們的大背包，再打量我們，有點擔心的問：「你們打算去墨西哥做什麼呀？」我輕鬆地回答：「去背包旅行呀！」她突然很緊張地說：「難道你們沒有看電視嗎？墨西哥很危險耶！天天都有凶殺案。」台灣的國際新聞大多從美國而來，這類的新聞自然也是我們對於墨西哥的普遍印象，我仍鎮定地回答：「不會啦！我們會很小心的！」但她還是不放棄，繼續說：「你們真的沒有先上你們國家的外交部網站看嗎？那邊真的非常非常危險呀！」我只好笑笑地說：「謝謝妳啦！（機票都買了）現在也來不及改囉！」她一邊搖頭、一邊把票拿給我。

　　中南美，請溫柔點，我來了！

一、墨西哥
好一道嗜辣文化大煎鍋

01 最有活力的捷運

墨西哥城的新機場新穎又乾淨，給人的第一印象非常好，不知道市區如何？從機場到市區，大多數的人會選擇搭乘計程車，其實只要試著穿越國內航廈，再經過約三百公尺的長廊後即能抵達捷運站，這段約十分鐘的路程還能順便換匯，價格公道，實為旅行者的一大福音。

墨西哥捷運充滿活力，從早到晚，五花八門的小販穿梭在車廂裡，賣的商品從餐具、食譜、文具到食物，甚至連國中時期不離手的化學元素表

都有。有一次，一個小孩進入車廂後，就在每個人腿上放一張小紙條，接著他從頭開始回收紙條和錢，紙條上寫著他的悲慘故事；更有些人是直接拿著診斷證明書，站在捷運站外售票口的旁邊，用哭腔述說著自己的故事，就是希望人們能夠感同身受……面對這些天天發生的事，大部分人早已將之視作肥皂劇般習以為常，然而，在我的眼裡卻是如此的不可思議。

　　捷運公司貼心地為每一站設計一個圖案,初衷是體恤文盲,然而這些可愛的圖案,也為捷運增添了年輕的氛圍,對於不熟悉西文的人們幫助頗大,在中南美,的確時常發現他們的小創意。

　　我們到達墨西哥城剛好趕上清晨剛發車的捷運,價格很阿莎力——不限距離和時間,一趟只要3披索(9元新台幣)。雖無空調,但車子移動時,舒服的微風吹進車廂裡,一旁睡眼惺忪的上班族正閉眼享受著。機場位於墨西哥城整個捷運系統的東邊,但今天我們即將入住的沙發衝浪 (couchsurfing) 網友Gina家,卻是在最西側,我們必須在尖峰時間,在如同台北車站或忠孝復興站繁忙的捷運站轉換路線。到了轉乘月台,人山人海,盛況十分驚人。墨西哥捷運司機非常豪爽。每站打開門的時間大約只有十秒,數百人得在這短短的時間內上下車,然而所有的乘客皆很有默

契，只要門一開，乘客們如同長江後浪推前浪，一股腦兒地往前推。雖然大家常常擠不上車，卻也一派輕鬆，畢竟班次頻繁，約一分鐘一班車。

墨西哥城捷運公司規劃有幾節女性專用車廂，避免發生女性被騷擾的情況，但中間的分隔卻是用簡單的板子，由女警柔性勸導。初來乍到的我們，完全搞不清楚怎麼回事，11一人站在男生堆中，等到車廂一來，我倆和大家一起往前擠，十秒後，我的背包（還在背上）和11一起被關在車廂外，眼看車就要開了，說時遲那時快，月台上的人們，先合力把門拉開，再用力地把我們都推進車廂裡。等我們都上車後，車廂內外響起一陣歡呼聲，這特有的熱情，讓我們真實感受到——我們的確在中南美洲了！

02 墨西哥城濃濃的人情味

捷運到站後，我們再花了半個多小時，穿越車水馬龍的馬路和市集，與國宅社區的警衛周旋還變成amigos（西文：朋友）後，終於順利進入社區找到Gina的家，不過她不在家。我們先出去覓食來消磨時間，也吃了第一份玉米餅。這塊炸過的餅，裡面放了白色的起司碎末、香菜，還有辣椒，吃起來很開胃，補滿了元氣；再次來到Gina家門口，她還是不在，我們不禁開始擔心會不會被放鴿子了？鄰居先生已經瞄了我們好幾眼，終於開口向我們打招呼，還主動回家拿水給我們喝，幫我們一同出主意，我們就窩在Gina家大樓的中庭，用無線網路上網找青年旅館。

熱心的鄰居先生，拉著他的雙胞胎孫女來讓我們認識，我們開始了夢想蒐集的第一步，這些夢想是要打包回臺灣分享的呢！這對害羞的小女生，穿著一身粉紅運動服，年約九歲，典型中產階級的他們，非常活潑，

和陌生人的距離感，大概三分鐘後就消失了，兩人一個想當老師，一個想當獸醫，才剛說完，兩個小女孩就追著一隻跑進社區的小黑貓離開了。

為了讓夢想蒐集更加順利，「小禮物」成了我們和孩子變成好朋友的重要媒介。想了好久，「手作風車」似乎最為合適。僅需帶著正方形的粉彩紙、迴紋針、安全別針、小刀，在當地再找到吸管作為風車的支架，一個個風車就可以完成了。當風吹動風車的那一刻，孩子們眼中漾起的喜悅還真是放諸世界皆準的。身為教育部青年志工的11，也帶了許多充滿台灣意象的紀念品，一路上讓許多外國人驚豔，而她一臉親善大使的模樣，融化了好多對親子的心防。

就在我們準備另覓住處時，Gina回家了，她露出既尷尬又抱歉的表情，解釋著她前一天和同為沙發衝浪會員的網友喝掛了，不斷解釋這是她第一次失約。Gina和弟弟與媽媽同住，當晚Gina媽媽回家後，先給了我們一人一個溫暖的擁抱，接著轉頭叨念面帶愧色的Gina，Gina媽媽展現出最能凸顯拉丁美洲的溫馨與友善小家庭特色，讓這趟旅程有了最美好的開始。

03 墨西哥城——文化就是她的名字

墨西哥城舊名特諾奇提特蘭 (Tenochtitlán)，也是中美洲帝國阿茲堤克的首都。傳說墨西哥人的祖先 (Mexicâ) 按照神的指示，從北方來到原本是一大片湖泊的墨西哥城時，看見湖中的島嶼上面，有隻叼著蛇的老鷹站在仙人掌上，便決定在此建城，這也是墨西哥的名稱與國徽的由來。

原來的一大片湖泊，在殖民者政策下已不復存在，僅剩城市南邊的「索奇米爾科 (Xochimilco)」區域，依舊保有比較復古的建築和蜿蜒的水

道。從墨西哥城市中心前往，需轉兩次車，約一個小時就能抵達；從市中心前往市郊，沿途的氛圍讓人漸漸的感到輕鬆自在，步調也不禁慢了下來。從網路上得知，在索其米爾科搭船，是以「艘」為計價單位，一艘船約100披索，不過有時不肖業者會在講價時故意不提幣值，最後卻要求客人付100「美金」。我們前往時正值午後，沒有其他遊客，只好乖乖付了150披索搭上我們的專「船」；船夫旋即撐篙，帶我們進入這條帶著江南風味的河道。

一艘艘色彩繽紛的船，划進了寧靜的風景畫裡，在驚豔中帶著衝突的美感；沿著河道的住家，就像台灣彰化田尾的公路花園般，在家門口（岸邊）裝飾著植物和小擺飾，散發出中南美人最鮮明的活力。此刻，沉醉在午後的微風中，一陣悠揚的樂聲傳入了耳際，只見一艘船上的墨西哥街頭樂隊 (Mariachi)正在為鄰船的客人演奏，另一邊，則見一對夫妻將廚房搬上了船，做起小吃生

一、墨西哥 好一道嗜辣文化大煎鍋

意，眼前的景象，讓人深刻感受到墨西哥的生命力；品嚐著辣勁十足的食物，啜飲著啤酒，和著音樂，午後的慵懶感爬上心頭——這才是人生啊！

　　墨西哥市民對於音樂藝文活動的喜愛程度令人驚訝，每天都有不同的戲劇、演唱、展覽；對於墨西哥市民來說，音樂藝文活動幾乎成了全民運動。走在路上，所遇見的每一個人，似乎都相當具有藝術家的氣質。像是索奇米爾科的船夫，他對於台灣的音樂非常好奇，當時我的mp3正好播放著王力宏的「美」，只見他隨著旋律，自顧自地搖擺了起來。

　　Gina和她媽媽一週平均看兩場演出。一天晚上，我們約好一同去聽街頭樂隊Live表演。墨城市中心北邊的Galibaldi地鐵站廣場，當夜幕降臨之際，一對對身穿黑色俏皮西裝的樂手開始聚集，雖然每支樂隊彼此為競爭對手，但當他們相互打招呼時，顯露出足球賽雙方球員間的惺惺相惜之情。夜幕低垂，當地民眾或遊客漸漸聚集，此時樂手會用「眼神」來和聽眾交流；每首歌的公定價格是100披索，彼此以眼神確認後，整支樂隊(Mariachi)圍繞在聽眾四周，用音樂將聽眾帶進各自的奇幻世界。表演風氣之盛與水準之高，讓人不得不佩服這個國度的文化底。精確來說，墨西哥的地理位置應該在「北美洲」，但當我們談起中南美洲或是拉丁美洲時，墨西哥人卻也開心地成為這些熱情民族的一員，從他們對藝術愛好上可見一斑。

　　當晚我們看完表演回到家後，Gina媽媽馬上興奮的對著Gina說了一長串的話，原來她剛買到偶像的演唱會門票，不禁讓人想起「少女情懷總是詩」，瞬間整個房子洋溢著幸福。這位偶像的外型，大概像是費翔和胡力歐的綜合。Gina媽媽小女生的事跡還不止如此，她之前向一位身材壯碩的紐西蘭原住民學習拳擊有氧，後來這位教練因車禍過世，Gina媽媽難過

不已，遂決定將富有大洋洲風味的葉子圖案刺在手臂上，以紀念這位好老師；這種坦率又直接的情感，實在是中南美洲的一大特色！

忙於工作的墨西哥人，仍能在閒暇時不斷創造自己多彩的人生，對他們來說，工作似乎僅是生活的一小部分，下班後的時間才算是「人生」。台灣人呀！什麼時候，「開心指數」才會成為我們認定一個國家是否「富裕」的標準呢？我想，看到這些拉美人的生活，應該是仔細想想到底庸庸碌碌、汲汲營營過一生是否值得的時候了！

04 墨西哥美食大公開

「抹布」這一詞彙不是我發明的，是三十年前也來過墨西哥的三毛說的；她和助手米謝以此一詞彙所形容的食物就是墨西哥的「玉米餅(Taco)」。Taco之於墨西哥人，就像魯肉飯之於台灣人。三毛在吃過幾回Taco後，如此形容這種食物：「那個味道和形式，實在像是一塊抹布——土黃色的抹布，抹過了殘餘食物的飯桌，然後半捲起來，湯湯水水的用手抓著，將它們吞下去。」這個說法，難免有失公允。

一到墨西哥市，我和 11 實在餓壞了，因此，在路上看到Taco攤，就亂點一通，先試了炸Taco，然後又到隔壁攤位吃普通的Taco，其實剛開始對Taco印象蠻好的，況且吃的時候，總會加上辣椒和新鮮檸檬，故吃起來的感覺，跟清爽的越南菜有幾分神似。然而第二天開始，玉米餅濃郁的味道，總像鬼魅般出現在街道上，聞久了卻突然開始產生負面效應，使得我們走在墨西哥街頭時，得隨時做好閉氣的準備。

Taco就像台灣的臭豆腐，每家都有自己不同的味道。裡面的肉餡從豬肉、雞肉、羊肉、牛肉到內臟都有，尺寸從手掌到小比薩。其中有一款外型像是台灣速食店內賣的墨西哥捲餅，內餡是肉末、生菜加上濃濃的起司，這讓鍾愛乳製品的我如獲至寶；走過每一攤Taco，都不忘看看是否有這種口味的Taco。

三毛說墨西哥的吃是貧乏而沒有文化的，比起深厚的中華飲食文化，也許所言不假。當地的中華料理餐廳賣的春捲，都入境隨俗的變成了炸過的「抹布」，但我卻欣賞這種同中求異的美食文化。就像台灣的魯肉飯，每家店的滷汁、肉塊切法、煮法、調味都有些不同，每個細節，都可能讓這碗魯肉飯帶我上到天堂或是下入地獄；我想對於當地人，Taco的好壞一定也是如此。常常可以看到一排的Taco店，各自都有著自己的擁護者，我慢慢看出，這群Taco老闆，賣得不僅是食物，還有那濃濃的人情味。

我還特別喜歡墨西哥的一種蔬菜，仙人掌。擁有大片沙漠的墨西哥，仙人掌取之不絕，不管是與辣椒一同烹煮，或用簡單的香料醃製，厚厚的果肉總能輕易地吸入湯汁精華和香氣，咬下的

一、墨西哥 好一道嗜辣文化大煎鍋

瞬間，嘴裡滿溢著香味。其獨特的口感，完美襯托出主菜的美好滋味；一天，Gina帶我們在鄉間的路邊買了隻烤雞，此時仙人掌就像是梅干扣肉中的梅干，早已和雞肉融為一體，包裹著烤雞錫箔紙中產生了完美的化學變化，一口雞肉、一口仙人掌，那種美味，令人做夢都會笑。

墨西哥人舉世聞名的飲食習慣嗜辣，如同韓國人餐餐配泡菜一樣，墨西哥人將辣椒視同氧氣般重要，幾乎每道食物都要加上辣椒。辣椒的種類多到令人眼花撩亂，不容易記住，有時應該是綠的比較辣，當我選了紅色的辣醬時，卻偏偏辣得嚇人。如同四川一樣，身處在炎熱潮溼的氣候環境裡，需要吃些辣椒，才能藉由排汗，讓身體舒服些。墨西哥南部的恰帕斯省盛產鳳梨，吃的時候。當然必須配上辣椒才對味。在豪爽的墨西哥橫切法下，鳳梨就像圓圓的煎蛋，上面淋滿的辣椒醬就像番茄醬一樣，我本來有點擔心吃了會鬧肚子疼，沒想到一吃上癮，把整個折合成台幣才20元的美味鳳梨吞下肚。在Gina他們家的第一個早晨，原本我們擔心，該不會早餐又得吃辣？幸好墨西哥人的早餐類似西方人，終於至少有一餐可以放過肚子一馬。

05 拉丁美洲的大甲媽

要分辨基督教和天主教有個很簡單的方式，天主教尊崇聖母瑪麗亞，教堂也較為華麗。若要選一個最符合中南美洲人愛熱鬧也愛花俏個性的宗教，那絕對非天主教莫屬。十分熱情的宗教特色，在這裡也被發揚光大，尤其象徵母愛的聖母瑪麗亞更成為最受當地人歡迎的神祇之一。如要說拉美最負盛名也最受歡迎的聖母瑪麗亞，那就非墨西哥市的瓜達露佩聖母像莫屬了。

　　瓜達露佩教堂的聖母像其實是一幅畫。相傳在16世紀，聖母瑪麗亞顯靈在某位農夫家中的一塊布上，這位農夫費盡千辛萬苦，終於讓這個神蹟得到大家的認同，目前這塊布珍藏在教堂中。由於參觀者眾多，教堂還設計了平面的電扶梯，讓所有參觀的人可以順暢又安全地景仰掛在高處的聖母像。後來在中南美各處也常看到這幅聖母像的複製圖，這不僅證明了祂的高知名度，也象徵祂的靈驗。

　　三毛在三十年前也曾到過瓜達露佩教堂，當時她看到許多虔誠的信徒，不畏肉體的疼痛，堅持一路用跪的進入教堂，有時，膝蓋都血肉模糊還繼續堅持，這讓身為天主教徒的她感同身受。

　　讀了三毛的故事，當我在來到這個教堂之前，心情原本有些沉重。但到了教堂這一區時，即將完工的華麗人行道，兩旁賣著便宜衣物，還有速食連鎖餐廳的店家，這和我原來的想像相差甚遠。走進教堂園區，設計感十足的新教堂由傳統式教堂襯托著，後方小山坡上的花朵正綻放著，和著教堂內傳出的誦經吟唱歌聲，一切就如同桃花源般的平靜怡人。一位中年男子在距離大門約20公尺猛然跪下，他的妻子在不遠處陪著他，亦步亦趨地前往教堂，這與三毛所描述的狀況似乎有些差距，畢竟時代在變，做法也開始改變了。

　　眼前的景象，讓我想起台灣的大甲媽出巡，許多人無論如何，都想將重病的親人，帶到出巡隊伍前躺下，讓轎子從他們身上經過，祈求媽祖帶來好運。拉美的天主教信徒雖用不同的方式表達自己對於神祇的請求，其中的信念和熱情卻是一致的，特別是對生病的家人、朋友真誠的愛，從這個角度來看，台灣人與拉美人其實蠻像的。

一、墨西哥 好一道嗜辣文化大煎鍋

06 文化陶冶中成長的墨西哥學生

中南美洲孕育了無數的古文明，至今考古學家對其了解，仍極為有限，與馬雅文明同時出現的有特奧蒂瓦坎文明 (Teotihuacan)。當年西班牙人登陸時，這些文明遺址的所在地已渺無人煙，故西班牙人未大規模展開殺戮和破壞，這使得距離市區40公里的太陽金字塔、月亮金字塔幸運地未遭受破壞，其周邊現今又因觀光而聚集了人潮。特奧蒂瓦坎文明未留下文字記錄，反倒是其他如馬雅文明，將這個友邦寫進自己的歷史裡，至今這個文明消失的原因仍成謎。兩座新的金字塔，被推測是用來觀測天文、實施禮儀。很多觀光

客爬上太陽金字塔後，都會到塔的正中央、雙手向天空舉起、掌心向上，據說這樣就能吸收到太陽的能量。我們爬完了太陽接著爬月亮，就在接近塔頂前，發現一名女子面前燃燒著焚香，盤著腿，口裡喃喃自語著，乍看之下，她的側面，讓我想起了三毛。就在我們準備離開時，一群中學生邀請我們接受訪問，學校作業要他們了解觀光客對於這裡的看法與建議，雖然他們只會西文，表現卻落落大方，頗有大將之風。身為青年署志工的11，也藉機送他們台灣明信片，彼此交流，期待未來他們能到台灣旅行。

墨西哥市除了豐富的藝文活動，其中的博物館更是一個比一個精彩。位於市區的查普特佩克森林 (Bosque de Chapultepec) 內，美麗的湖水和綠蔭盎然的樹林，讓人聯想到紐約的中央公園；還有一間個性十足，將樹林概念延伸的書局林立其中，為森林增添了文藝氣息。森林中間山坡上的國家歷史博物館 (Museo Nacional de Historia)，因擁有居高臨下的視野，曾是墨西哥最高指導中心——總督府。看著建築物內墨西哥人擅長的一幅幅壁畫，我彷彿也掉入時空隧道中。典雅的馬賽克地板是這間博物館的另一大特色，若不是遠處傳來消防車的聲響，走在其中，會讓人感覺自己像是19世紀的政商名流。博物館內的陳列，從墨西哥開始嘗試擺脫殖民，到20世紀左右作了介紹，讓我印象最深刻的就是一幅幅的諷刺漫畫，這些過去反政府的次文化，現在也被完整地保存在博物館內。

整片森林成為墨西哥當地校外教學的熱門景點，在博物館前遇到一群高中生，他們和台灣的原住民孩子一樣，心中那種開朗，帶著陽光的感覺，具有十足的感染力，讓我們心情也開朗起來。好幾個同學拉著我們一起開心拍照，我們便趁機搜集他們的夢想。其中想當科學家、醫生的有好

幾位，最讓我感到特別的是一個相當具有明星架勢的女生，她的夢想竟是從事軍護，會不會是看太多浪漫電影了呢？

07 首屈一指的人類文化遺產

　　想了解墨西哥在殖民前的歷史，絕對不能錯過整個拉丁美洲最大的博物館——國立人類學博物館 (El Museo Nacional de Antropología e Historia)，這裡將墨西哥本地的奧爾梅克 (Olmec)、馬雅 (Maya) 到阿茲特克 (Aztecs) 等文化，藉著文物展示、模型、影音、壁畫等，完整重現遠古文明的偉大，遊客輕鬆就能體驗這些神祕又偉大的原住民文化。用心的博物館在近年來進行大規模的整修，三十年前，三毛到訪時，展品的英文介紹還付之闕如，如今，這裡已經是世界第一流的博物館，也成為我想重返墨西哥的原因之一。

　　奧爾梅克文明出現在西元前，當時他們就已經崇拜美洲豹、羽蛇神和玉米神祇等，而他們對玉器的雕刻，幾乎影響了拉丁美洲所有原住民文明，然而有關超級巨大的頭顱石刻的研究與推測仍是鳳毛麟角。包含名聞遐邇的馬雅文明，墨西哥政府將國內所發現一流的珍寶都帶到首都，如同台北故宮藏有中華文化瑰寶；在博物館內，為了找尋三毛小說中提到的玉米神與自殺神，我們特別請教了館員，不過最後只看到了可愛的玉米神雕像。

令德國冒險家洪堡讚嘆的大型馬雅石年輪，就放在阿茲特克文明展廳中最醒目的位子，其外型巨大，作工細緻，可見當時工藝技術之進步；阿茲特克文明的挖活人心的祭祀活動、建築成就、生活文化等，在西班牙人的入侵下消失了，考古熱的今日，全世界的研究者群聚在墨西哥，試著重新尋回失落的拼圖。

這間博物館打造了許多各類文化建築一比一局部的模型，實在佩服他們的大手筆與用心；同時，展場二樓為民俗文化展示，無論是哪一個時期人民的生活片段，都在墨西哥人得天獨厚的巧手下，以人偶、版畫、壁畫或是文物呈現，很多人逛完一樓的古文明後就離開，錯過了樓上有趣又生動的展覽。

擁有如此豐富文化遺產的人民是幸福的，在博物館內遇到一群一群的孩子，他們認真聽著導覽老師的介紹，我們和其中

三個孩子搭訕，一個眉宇間有印第安納瓊斯英氣的孩子，自信地說著藝術家的夢想，若是在台灣，要說出這樣的夢想，需要有多大的勇氣和家庭的支持啊？

之前一個中國通的美國人書中介紹過三星堆文化，自己因為讀了這本書才知道了這一文化內涵。讀到過東亞文化似乎被「中原文化」意識給綁架了，各個朝代的帝

一、墨西哥 好一道嗜辣文化大煎鍋

王有意無意地將黃河、長江流域的歷史當作正統；正如同現在的世界史，我
們往往把目光放在船堅砲利後的西方文化，卻忽略了千年以上的各式原住民
文化，這讓我們失去認識這個美麗世界的機會。墨西哥一遊，讓我深刻體會
到自己錯過了好多；身為地球村的一員，幸運的我們，住在台灣這片滋養了
原住民、客家、閩南、外省甚至新住民等文化的地方，讓我們從現在開始改
變態度和行為，更努力認識台灣與世界其他多元特殊的文明吧！

08 首都的大廣場

　　廣場提供了人民集會、國家舉辦重要儀式的功能，從中國的天安門到俄國的紅場，墨西哥也不例外；首都的憲法廣場 (Plaza de la Constitución)，又名索卡洛 (Zócalo)，附近不但有當地年輕人聚集的購物大街，也是許多歷史建築物的所在地，從阿茲特克時期開始，這裡就是城市的中心，現在這裡全區已被列入聯合國文化遺產中。

　　廣場北邊的阿茲特克大神廟，以前這裡是活人獻祭儀式的地點，今日所看到的建築物，已遭西班牙人破壞，他們在原址上方蓋了座壯觀的教堂。廣場東邊則是國家宮 (Palacio Nacional)，也就是現今的總統府，建築物裡許多大型壁畫出自墨西哥重要畫家迪亞哥 (Diego Rivera) 之手，除了透過巨幅壁畫來了解墨國歷史外，也可和觀光客們擠著頭，一起試著找出迪亞哥在高達幾層樓的壁畫上小小的簽名。

　　從廣場的左邊延伸出去，有許多近代美麗的建築物，包含瓷磚之家 (Casa de los Azulejos)、中央郵局和國家劇院 (Palacio de Bellas Artes) 等，都是一棟棟十足令人發思古之幽情的美麗建築。瓷磚之家為Sanborn集團的重要據點，現在也是一家受歡迎的高級餐廳，建築物外牆的瓷磚是19世紀人們炫富的方式。Gina大搖大擺地帶我們進去借了廁所，並領我們到20世紀墨西哥農民革命英雄薩帕塔 (Emiliano Zapata Salazar) 和北方反抗軍碰面的座位。這棟建築物不僅具有藝術意義，更見證了墨西哥的近代史。

　　中央郵局就在國家劇院旁，富麗堂皇的郵局古蹟，現在仍在營業中，搭著復古情調的電梯到達頂樓，是個充滿模型和文物的航海博物館。走在

索卡洛區域，眼前盡是穿著時髦的人們，和處處林立的設計前衛的街頭裝置藝術，直到看到路邊阿茲特克遺址時，才驚覺自己並不是在歐洲。

走著走著，經過一家咖啡廳，竟然飄來孫燕姿的歌聲，我興奮地跑進去，想和老闆握握手、聊聊天，可惜老闆不在，店員卻緊張起來，原來他們擔心我們是來查版權的人，經過我們耐心解釋之後，他們才鬆了一口氣，彼此開心地談起音樂其實是無國界的。

09 墨西哥愛情故事——芙烈達的故事

墨西哥市許多博物館的壁畫，都是由國民畫家迪亞哥 (Diego Rivera) 所完成，他是墨西哥「壁畫復興運動 (Mexican muralism)」最重要的成員。這些在政府有計畫性完成的壁畫作品，成功地在當時塑造了民眾的集體意識，成為推廣政績的工具之一，今日也成為遊客一窺墨西哥歷史的簡單方式，這些壁畫雖不像法國里昂或澳洲塔斯馬尼亞的天馬行空主題，然而其述說政治和歷史的方式，反倒讓這些壁畫成為墨西哥的印記與特色。

迪亞哥的私生活也如同他的作品一樣得到關注，他的妻子是著名的畫家芙烈達 (Frida Khalo)，電影《揮灑烈愛》講的正是他們的故事。她最常創作的自畫像中，招牌一字眉總能看出她躁動與渴望自由的靈魂。雖然她最出名幾幅作品被收藏在舊金山和紐約，但人們仍可到墨西哥市有「藍房子 (La casa azul)」暱稱的芙烈達博物館參觀，參觀這對話題性十足的畫家夫妻的舊宅。

要到博物館必須先搭車到地鐵Coyacan站，到站後再步行約十五分鐘，就可以看到一棟突兀的藍色房子。藍色房子裡面的展覽，大致分成兩個部分，一部分是芙烈達的作品，另一部分則是原封不動的呈現迪亞哥夫妻原

來的生活。其中有間房間，可以看到芙烈達母親送給她的許多小玩偶；畫作如此強烈的芙烈達，內心裡似乎還住著一個小女孩。

　　她小時候得過小兒麻痺，因為長短腳的關係，她總愛穿著長裙。一生經歷大大小小的手術，使得她鬱鬱寡歡，繪畫終成為她抒發情緒的出口。如同其他墨西哥畫家，她也喜愛用鮮豔的熱帶色彩來作畫，不過猶太人的背景，讓她作品總逃不出一股憂鬱的氛圍。在她的某些作品中，不管是自身器官散在畫面四周，或藤蔓纏繞著她整個身體，自畫像裡芙烈達那雙堅定、凝視前方的雙眼，在在展現出當她面對生命不完美時，那股堅韌的毅力與自信。

　　兩人的緣分，起因於芙烈達向迪亞哥學畫。當時迪亞哥正在幫國家宮繪製壁畫，他有天分又風流倜儻，即使兩人結了婚，他仍是不斷捻花惹草，直到和芙烈達的親妹妹有染後，芙烈達才下定決心離開他，然而就像典型的中南美女性，女人們總是選擇原諒。病痛不斷的芙烈達，仍由迪亞哥陪伴，走完人生的最後一段旅程。

　　她的作品雖享譽世界，但因他們夫妻都支持共產主義，如同畫家夏卡爾，在過去冷戰時空背景下，都被台灣政府選擇性的刪除，這是台灣人民的世界觀與藝術學習上極大的損失，時至21世紀，學校課本仍未有絲毫改變，也許最好的解決方式，就是走出去認識這些曾經錯過的美好。

10 墨西哥孩子們的夢想

　　這趟中南美之旅，我和11計畫蒐集五十個孩子的夢想，一開始，Gina熱心鄰居的孫女，讓我們的訪問有個好的開始，我也請Gina寫下幾句常用的西文，這也讓我們的訪問漸漸上了軌道。

　　在整個過程中，我們慢慢發現，想要訪問孩子，有時要從接觸家長開始。一般父母確認我們不是壞人後，多半會鼓勵自己的孩子主動開口跟我們說話，於是闔家歡樂的速食店成為我們首選，像在墨西哥的速食店裡，我們就訪問到一對中產階級的母子，可愛的兒子說他要當醫生。除此之外，墨西哥孩子們的夢想五花八門，從軍人、物理學家、生物學家、畫家和運動員……等，從項目的多樣性上可看出，相較之下，墨西哥在五育的發展較無所偏重。

　　有一天，一個和藹的父親帶著兩個剛踢完足球的兒子在公園乘涼，小兒子搶著說自己想要當足球員，爸爸露出了滿意的神情，看得出來他正預想著兩兄弟夢想應該是一樣的。沒想到，這時候大兒子脫口而出說他要當「歌手」，爸爸的驚訝溢於言表，但他仍流露出百分百支持的神情，摸摸他正在換門牙的大兒子的頭。相信有了父母的支持，這個孩子的夢想有一天定能成真。其實大部分情況，父母和我們都是第一次聽到這些孩子的夢想，而這也讓蒐集夢想的計畫變得更加有意義。

　　我們拜訪特奧蒂瓦坎那天，參觀完後，我們在附近小鎮市集吃飯，一整排的Taco店，我們隨機選了一家坐下，這時候一個男孩正在幫他奶奶與媽媽的忙，圍著圍裙的他，為我們點餐。靦腆的他，夢想有一台電腦，我期盼他的夢想能快快實現。幾小時後，我們經過一個小鎮，熱情洋溢的音樂吸引我們停車一探究竟，幸運地遇上一場精彩萬分的牛仔秀，這可是我第一次看到女牛仔們的表演。她們穿著如同仙人掌花鮮豔的蓬蓬裙，頭上頂著大大的草帽；另一群男人接著騎馬，表演各式花招；一個五、六歲小男孩引起了我的注意，他正騎著馬，在準備區練習甩韁繩，看他甩的架勢，可是一點都不含糊。Gina告訴我們，如真能成為受歡迎的牛仔表演者，收穫可是相當不錯。等他下場後，我們立刻趨前詢問他的夢想，他的爸爸一邊拉住和他一樣心急想去找媽媽的馬，一邊鼓勵他與我們分享，結果他一開口，用娃娃腔說著西文的「牛仔」，讓所有大人的心都融化了！

　　走出了繁華的墨城市中心，只見龐大的貧民窟佔據了整片山頭，也壓在我的心頭上，難以想像，數以萬計的孩子將在這樣艱困的環境中成長，礙於時間及安全考量，這次沒有機會訪問他們。想起這個國家巨大的貧富差距，在M型社會中獲益的一群，即使不斷將自己和另一群人生活空間隔絕開來，然而只要社會存在著如此大的不平等，活在堡壘中的人們永遠不可能放心無憂的生活。只祈求聖母瑪麗亞，讓這些孩子都有做夢的勇氣，讓他們無畏地迎向未來一個個如山高的挑戰，加油！

一、墨西哥 好一道嗜辣文化大煎鍋

二、智利
詩意不滅的熱血自由之火

01 聶魯達的影子

結束了墨西哥的行程,我們經祕魯轉機前往智利。中南美的機票價格非常不合邏輯,來回機票往往比單程機票還便宜,有時用航空公司的西語頁面買票比英語頁面便宜,多次查詢後,用網站西語界面買墨西哥回智利的來回機票,雖僅使用了去程,算起來仍是最划算。

抵達智利首都聖地牙哥 (Santiago de Chile) 時值清晨,我們搭計程車轉捷運前往旅館,正好碰上他們的上班時間,背著大包包的我們顯得狼狽。中南美洲的智利與阿根廷,因為人口大多是歐洲移民,所以我們在路上看到的幾乎都是白人,比起其他中南美國家,這兩國的人民一直都存在著一種優越感。即使阿根廷近年政治不穩定,但他們仍透露著一股傲氣;而智利在經濟、民生各方面表現亮眼,前幾年拯救礦災大成功後,西方社會普遍把智利當作中南美洲的資優生。走在聖地牙哥街頭,整個城市氛圍,讓我誤以為身處同在南半球的澳洲墨爾本。

三月初,夏天的影子仍留在南半球的聖地牙哥街道上,我們走在這個和歐美如出一轍的城市,首先到了聶魯達 (Pablo Neruda) 的故居,聶魯達是智利著名外交官、共產主義分子、詩人與諾貝爾文學家得主,他被公認為

是20世紀智利最重要的人物之一，他的詩中常流露出他對於繼母與妻子的愛，也抒發出他對於國家的看法。

　　他的故居為一棟簡單三層樓的白色建築。23歲時，他已經是智利派駐緬甸仰光的外交官，之後還被派任到其他亞洲與歐洲國家，因此身為外交官的他，朋友滿天下。當年，這裡可是達官顯要十分熱門的社交場所，連之前流亡海外的巴西總統卡多索也曾是座上賓。1973年，軍政府判亂、獨裁政府甫上任，正想拉攏聶魯達時，他竟然戲劇性地過世了，這件事被大家稱作是他對於獨裁政府的最大抗議，現在此棟建築物已闢為博物館、咖啡廳與紀念品店，滿足所有訪客的需要。鄰近的一個手工市集，牆上寫著聶魯達20歲成名的作品《二十首情詩和一首絕望的歌》的〈今夜，我可以寫出〉，詩句旁邊卻畫著中年的聶魯達，畫家似乎想表達聶魯達雖年過半百，仍以詩句回憶年輕時青澀的愛戀，藉著詩句的畫面，將人帶進時空隧道。

　　一部描述以創意結束多年獨裁者皮諾切特 (Augusto Pinochet Ugarte) 的電影《NO》，於2013上半年在台灣上映。電影中所描述的很多片段，都跟台灣同時期的白色恐怖雷同。主角是當年飾演《革命前夕的摩托車日記 (Diarios de motocicleta)》的蓋爾‧賈西亞‧貝納 (Gael García Bernal)，他在電影裡飾演一個廣告金童，本來可以當作什麼也沒看見的在專制政府下繼續過著

好日子;一天,政府突發奇想,要以公投來決定是否結束長時間的獨裁。正像臺灣於日治時代後期的穩定,讓許多人雖渴望獲得精神上的自由,但仍選擇穩定的麵包來源。該部電影的主軸就是描述主角如何運用每天十五分鐘的廣告時間,喚醒大家對於「民主」的渴望。比起臺灣當局一步步還權於民,中南美的政局發展顯然更具故事性。

可惜聶魯達並未來得及看到民主在智利開花結果。在他晚年的作品中,他再次用詩句表達對於政局的無奈,用文字表達出孤寂是一個人獨有的權利,勇敢並赤裸地檢視自己的一生,其中〈回到自我〉一詩的句子,可以看到他檢視自己一生的勇氣:「有一個人回到自我,像回到一間有鐵釘和裂縫的老屋,是的回到厭倦了自我的自我,彷彿厭倦一套千瘡百孔的破舊衣服,企圖裸身行走於雨中⋯⋯我真的存在嗎?知道該說什麼⋯⋯。」

今日的智利已向世人展現出他們嶄新的面貌,同為安地斯山脈的國度,甚至在市區裡,就能看到壯闊的山壁。智利的近日經濟與民生的進步都可以令聶魯達在三十年後的今日安息。

02 平靜中的風起雲湧

在聖地牙哥市中心旁,有一列上山小火車,與台北的貓纜一樣,沿途經過市立動物園,小火車的終點是一座公園,公園的最高點立了一尊聖母像,默默地祝福著這塊多事之地。當站在高處俯瞰,整座城市羅列於眼前,城市被如同黃土般的安地斯山脈包圍著,山頭妝點著未融之雪,午後登頂,寧靜中,特別感到充滿信心與平靜。

　　一位還是大學生的沙發衝浪網友，帶著我們一同在市區閒晃，參觀了專賣給外國人的魚市場、每個歐美城市都會有的大教堂，以及一座又一座的美麗公園。話題逐漸聊到關於智利的學生生活，她突然嘆了一口氣，提到近年來智利的大學學費高漲，一學年的金額已經是當地勞工四個月的薪水，造成許多想唸書的學生不得其門而入；一般來說，中低收入家庭的孩子，畢業後甚至得花上20年的時間才能還清學貸。2011年，智利的大學生發起全國性的大罷課，要求政府全面免收學費，因此這位網友提到她和許多朋友去年幾乎都沒有上課，至今問題尚未解決。

　　位於聖地牙哥北邊著名的海港城市瓦爾帕萊索 (Valparaíso)，其地形如同摩納哥，馬蹄型的海灣，越往內陸地勢越高，山坡上散布著一棟棟繪有精彩壁畫的平房，每一戶都能獨享壯闊的太平洋海景。因為牆上的壁畫遠近馳名，瓦爾帕萊索在2003年被登錄為聯合國文化遺產。乍聽之下，讓人以為這裡就是天堂，然而事實卻非如此。這裡雖然是1973年的智利獨裁統治者奧古斯圖・皮諾契特 (Augusto Pinochet) 的故鄉，卻逃不過嚴重貧富差距的宿命。平房的真面目，其實是貧民窟的鐵皮屋，海邊興盛的郵輪、觀光業與山上破舊的彩色平房彷彿兩個世界，船上遊客在甲板上曬太陽，當地民眾則在鐵皮屋上曬衣服。上帝拿走了當地民眾的金錢，卻給了他們極高的藝術天分。

　　我和11，以及在旅館認識的巴西人Artur，一行三個人一早從首都坐巴士來到這裡，好不容易到了市區。三個人當中，只有我會簡單的西班牙文，便由我開口向路邊一間花店詢問上山的路徑，沒想到花店老闆娘馬上慌張地說：「很危險的！(¡Es muy peligroso!)」還用手在脖子前劃了好幾下，強調山上的治安非常糟糕；但如果想看最棒的壁畫，就必須徒步或坐

纜車上山。於是她歪著頭思考了半天，指了地圖上的東邊的纜車，說那裡觀光客很多應該沒問題。吃過午餐，我們便搭了纜車上山，木頭蓋的車廂順著山壁緩緩前進上升，「咳啦～咳啦～咳啦～」的聲音道出年代的久遠，別有一番懷舊味道。到了山上，海灣和好幾艘巨型船隻的景色盡收眼底。下山時，我們決定賭賭運氣，沿著小路上的階梯，邊觀賞繽紛壁畫，邊往下走，沿路就真的像動畫片《里約大冒險》的貧民窟景象。幸好這一路上沒遇上什麼事，平平安安地回到了山下。

本來我們計劃和一對有趣的台灣老師夫妻約在智利碰面，後因行程安排而錯過。三天後，他們也來拜訪這個海港城，結果他們真的遇上搶劫，護照被搶走，還受了點小傷，幸好在代表處幫忙下，才能繼續他們的環球旅行。回到台灣後，聽他們提起當時遇到搶匪的情景。其實在被搶的當時，周圍有其他人，但那些當地居民為了自保，只好袖手旁觀，如此戰戰兢兢，真讓人百感交集與無奈！

03 孩子們的夢想

在瓦爾帕萊索山上，我們遇到了一對有著洋娃娃大眼睛的姐妹。年約11、12歲的姐姐懷著遠大的夢想，希望能環遊世界，11當然沒忘記順便推銷一下台灣。妹妹相當害羞，在媽媽的鼓勵下，仍不願正對著鏡頭說話，僅拉著媽媽說悄悄話，她的夢想很有趣，竟然是想要寫作業、未來能上大學。這個聽在我們耳裡覺得有點「太」可愛的夢想，再次顯示出智利教育高學費政策所帶來的問題真的很嚴重，住在寶島的我們，的確該好好珍惜所擁有的！

回到首都，我們再次尋找速食店作為收集夢想計畫之處。才踏入店

裡，就看到一個3、4歲的小女孩將店裡當成她的伸展台，完全不顧媽媽和阿姨的叫喚。後來她告訴我們，她想當名模，一邊說著，一邊擺弄出各種姿態，讓我拍照，連我們送她的風車也成了道具，一下子擺在臉旁、一下子成為她的髮髻，一旁的11和她的家人笑得前仰後合。後來小女孩還差點把裙子掀起來，嚇得她媽媽趕緊將她抱起來。未來如果在電視上看到她成為新一代的拉丁情人，我應該不會感到太意外。

走在這個西班牙語的國度裡，一段德語對話吸引了我的注意。原來是一對德國母女正在照相，女兒年約八歲，一臉嚴肅，不帶任何笑容，比起同年紀的孩子，差別很大。我們與媽媽聊了一會兒，才知道小女孩夢想成為醫生。會有這樣的夢想起因於去年她弟弟因車禍而成了植物人，看遍德國醫生，卻束手無策，所以她下定決心成為醫生，讓弟弟醒過來。這位媽媽說著說著，眼眶也漸漸泛紅。每次聽到這些夢想，我都好佩服這些孩子的勇氣，我相信只要家人和社會願意鼓勵這些孩子，他們的夢想一定會逐一實現。

二、智利 詩意不滅的熱血自由之火

04 聖地牙哥趣聞

　　智利首都聖地牙哥的街道上，一樣有壁畫，其創作的題材除了與民眾
生活息息相關的，如學生以反漲學費等議題來創作外，也包含精緻的動物
圖騰塗鴉，其水準不亞於比瓦爾帕萊索。漫步在聖地牙哥街道上，三、五
步就出現如茵的草地或是雄偉的建築，各式各樣的藝文活動遍布於城市各
處，難怪智利變成獨裁政權前，這裡曾是人文薈萃之地。如果此地的夏天
可以再涼爽些，那就更完美了！

　　聖地牙哥還有一點與其他城市不同。在這裡，街上的野狗雖然數量
不少，卻不像其他地方所見到的野狗，讓人感到害怕。這裡的狗兒，似乎
特別具有「靈性」，不僅守規矩，也不會主動招惹人們，因此，此地的人
們也給予牠們某種程度的自由。一天，我在路上邊走邊吃，一隻看起來略
帶勇猛的狗和我相互凝視了一會，愛狗的我，立刻與牠分享食物，還將牠

取名為 "Peter" ，我認定牠很適合這個名字，結果牠好像也很喜歡，竟然打定主意跟著我了。Peter似乎是地方的狗角頭，我們一邊往前走，一隻隻狗加入了我們的行列，我們一度率領這支近十隻狗兒的隊伍。令人莞爾的是，牠們走路速度相當一致，吸引了許多路人搶拍，等到過馬路時，我曾擔心牠們是否有危險。11一直叫我不要再理Peter了，但Peter跟我實在投緣，我好想帶著牠一塊兒旅行呀！結果Peter和牠的朋友們跟了我們快兩個小時，考量到接下來的行程，我只好忍痛跟著11還有Artur走進教堂，然後從另外一個門繞出來。希望今日Peter已經原諒我了。

05 從智利遙望巴西

　　看了巴西前總統卡多索 (Cardoso) 回憶錄《巴西，如斯壯麗》一書後，就深深佩服這個中南美第一強國。巴西不像資源缺乏的亞洲四小龍，必須依附大國來發展，她獨自搭上了經濟發展的列車，成功地從第三世界竄出。雖然巴西一直是各國覬覦的原物料輸出國家，但存在著許多社會問題。不過，聖母瑪麗亞眷顧巴西人民，祂送給巴西一位經濟社會學家——卡多索——當總統，成功制定並實行許多重要的政策，接替卡多索的是工人總統盧拉(Lula)。盧拉蕭規曹隨，繼續專注於經濟改造，並成功為巴西創造超過一億人口的中產階級，連同今日巴西的愛滋病情況也已大大的改善。想當初，巴西獨裁時期，卡多索也曾流亡智利，成為聶魯達的座上賓。

　　這次旅程因為預算和時間，不得不放棄巴西；不過中南美各地都會遇到巴西人，這倒是給了我了解這個國家的大好機會。我們在智利的室友Artur正是巴西人，是典型的巴西新生代中產階級。在巴西第一大城聖保羅擔任當地

規模最大出版社電腦工程師的他，薪水條件比台灣好，假期亦比照歐美，所以他一年至少安排兩次為期一週以上的國外旅遊。他看起來自信，對自己的國家充滿信心。所有的巴西人有一個共同點，就是他們雖然跟台灣人民一樣會厭惡國內的許多問題，然而一旦出國或遇到外國人，就會情不自禁地為自己國家說話。這點倒是跟土耳其、東歐等準備進入已開發國家行列的國家的人民類似。像Artur說他一年總會遇上兩三次超大豪雨，因排水系統不好而造成包含自己在內的幾百萬人無法下班回家，他卻一再強調反正水一定會退的，只是晚幾小時回到家罷了，反正不能回家，還可以和旁邊的人聊聊天。這點對來自台灣的我們，聽起來實在是天方夜譚。

發生在2013年六月的巴西示威運動，不同於世界各地所發生的茉莉花革命或佔領華爾街的行動；發動這場活動的不是別人，正是這群生活品質不錯，或可以說是從政府政策得利的中產階級。當時我和Artur在網路上討論到這件事，他解釋說巴西政府好大喜功，把大筆銀子砸向2014世足賽與2016的奧運，這些錢其實應該用來加強國家的社會福利，因為尚有許多人生活在貧窮線以下。我為巴西人替自己國家，甚至替這個世界樹立榜樣一事感到驕傲。Artur說，他很高興全世界都聽到了他們的聲音，而且他當天也要請半天假去參與遊行，並希望我祝福他能夠全身而退。他們心中想的只是「至少我們努力過了！」巴西早在十多年前就發明的公車系統 (BRT)，也將於2014年在台中運轉；卡多索提出的跳脫「經濟依賴理論」的論文和想法，也正在全世界發酵著。巴西，的確存在著許多待解的難題，不過她正以一個全新的姿態，以她的創新、魅力及勇氣，帶領中南美，甚至是全世界大步向前。

二、智利 詩意不滅的熱血自由之火

三、阿根廷
顛覆是非界限的留客之地

01 海外客家人

　　旅程出發前，由於阿根廷政府親共的立場，使得台灣人在申請阿根廷簽證上的手續變得繁雜，甚至得找到當地擔保人才行。幸好11在一次和朋友的聚會中，一個朋友提到自己的阿根廷華僑背景，順利解決了我們申請簽證的問題，這位朋友並要我們試著聯繫「阿根廷佛光會」，因出發在即而暫時作罷。等我們到了墨西哥，才終於打電話到阿根廷，接電話的是妙眾師父，她剛開始有點丈二金剛摸不著頭緒，不知道來電者是何人，所以稍微回覆我們幾句，要我們隔天再回電。感謝網路的無遠弗屆，妙眾師父google了我們的名字之後，確認我們是正派的熱血青年，於是阿莎力地跟我們說，到了布宜諾斯艾利斯，佛光會將盡全力協助我們，這實在是好消息。

　　因一早就得離開聖地牙哥，我和11躡手躡腳的，深怕吵醒Artur，但Artur還是起來與我們告別，並期待我們可以盡快到巴西看他。到了機場，發現我的機票竟然有問題，得在登機門前才能拿到；後來才知道原來是機票超賣，我意外地被升級到商務艙了！雖然只有短短的一個半小時的航程，我依舊開心地享用各種麵包，並喝了好幾杯紅酒，過癮極了。欣賞著窗外美景，壯麗的安地斯山脈就在腳下，這種感覺，好舒服。

　　領行李時，旁邊一對穿著傳統黑色服飾，先生還留著長長鬢角與鬍子的以色列年輕夫妻吸引了我的目光，我想起阿根廷催淚電影《時間遺忘的天使 (Anita)》，看來阿根廷的猶太人果真不少。當我們懷著忐忑不安的心走出大廳時，看到一臉和善、穿著藍色佛光山背心的佛光會李會長，張開著雙手歡迎我們，雖然此時才離開台灣兩週，但聽到熟悉的口音，還是讓人感到十分開心。

　　正當車子要開出機場停車場時，會長耐心地等門口小亭子人員給我們收據。他提醒我們，阿根廷不是台灣，剛剛那個人很可能收了錢而沒給收據，於是錢便進了他的口袋。長久下來，這種情況對阿國財政將會是打擊，所以他寧願花時間等那些故意拖延的收票員給收據。車子駛往市區途中，我們開始感受到更多的城市氛圍。不久，眼前出現穿插在一排典型西方現代建築間的一棟白色素樸建築物——阿根廷佛光會到了。在布宜諾斯艾利斯期間，11就住在佛光會的宿舍裡，而我被安排住在信眾家裡，就此展開最令我感動與感恩的阿根廷之旅。

　　劉叔叔和阿姨都是來自台灣高雄的客家人，知道我既是同宗又是客家人，親切之情更是溢於言表。在他們家的一個多禮拜裡，我常常在叔叔收拾完家裡樓下的超市工作後，與他聊到凌晨兩三點，而他的故事也喚起了我大學曾上過的「海外華人史」課程，當年這批華人都是為了改善家庭生活或尋求一個全新機會而遠赴海外，他們受盡歧視、欺負，劈荊斬棘，才有今日的成就，叔叔也不例外。他年輕時在臺北學習修理鐘錶，曾到香港做貿易。三十年前，聽他在阿根廷的遠房親戚提起，阿根廷是個好地方，讓他開始嚮往阿根廷。但礙於法令，只好先申請前往烏拉圭的簽證，再想

三、阿根廷　顛覆是非界限的留客之地

辦法跳機到阿根廷。沒想到，當他費盡千辛萬苦抵達阿根廷後，這位遠房親戚早已因經商失敗而逃回台灣。劉叔叔自己一個人從零開始。得到當地一些僑胞的幫忙，開始做起小生意。然後又冒著極大的風險，搭上巴士進入玻利維亞再轉入阿根廷，只為能藉此取得阿國的合法入境證明，這一番折騰，又是幾個月過去，然而或許是他的勇氣感動了上蒼，賜給他好運氣，他終於取得了阿根廷的身分。幾十年來，他本著滴水之恩、湧泉以報的信念，持續無私地幫助無數個僑胞家庭，儼然成為台灣人的精神典範。

第一天到劉叔叔家時，他邀請所有佛光青年和朋友來吃晚餐，因為叔叔熟悉購買管道，總能買到最棒又新鮮的阿根廷牛肉，烹飪美味的阿根廷牛肉，必須使用木頭起火，以文火慢慢燻熟牛肉，吃的時候完全不需要調味料，最原始的美味，至今讓人回味無窮。台灣的牛排館，一般人通常選擇約12盎司的份量作為主餐，但在阿根廷長大的這群青年，每個人至少都吃了30盎司，搭配汽水可樂，大家卻又都那麼健康，成長環境對於人們的影響真大！這群佛光會青年團的成員，大多是高中生和大學生，其中多數擁有年輕人開朗活潑的氣息，又因受到佛教感化，以致流露著謙和與穩重，他們的父母對自己的孩子加入這個團體後的轉變，讚不絕口。我想用心帶領青年們的妙眾法師，絕對是轉變的關鍵。

2002年的金融危機，讓拉美國家的經濟應聲倒地。阿根廷也不例外，國家倒閉，幣值只剩下一半，許多台僑再次移民，前往北美或回台灣，目前阿根廷的台僑僅剩1萬人，大部分都是七、八十年代移居來此的「老僑」，正因為他們經歷過許多大風大浪，現在都成為阿根廷中產階級的中流砥柱。駐阿根廷代表處聽說我和11會在佛光會與青年學子們分享，來自僑教會的陸以正外交官特地前來探望我們，後來還邀請我們到幾位僑胞家用餐，其中有許多位是當地的政治領袖。

猶記當時走進僑胞家時，首先傳入耳際的是卡拉OK的音樂，熱情的僑胞們操著客語、台語口音的國語和我們話家常，他們拿出珍藏已久的阿根廷紅酒，其顏色紅醇飽滿，香味與口感兼俱，入口後，淡淡的香氣久久在口中迴盪，溜過喉嚨時，彷若喝到小龍女的玉蜂漿，當我正納悶著如此美酒怎麼在國際市場上默默無聞，僑胞們笑著說，阿根廷的紅酒，還沒來

三、阿根廷 顛覆是非界限的留客之地

得及出口就被喝光了，我確信這絕非玩笑。茶餘飯後，聽著大家聊起自己家鄉六堆等地的故事，對於眼前的這一切，我想起了赫曼‧赫塞 (Hermann Hesse) 在《鄉愁》中，曾精闢描述自己小時候成長的人文風景，將對故鄉的愛與故事化作文字。原來人都一樣，這些生動難忘的鄉愁，就如同印痕般深深烙印在每個異鄉遊子的內心裡。

在阿根廷的台灣人十分有趣，有些人仍保有十足的台味，逢年過節該準備的儀式、食物都不能少，有些甚至比台灣都市的多數家庭還講究，如同部分傳統的東南亞華人；當然也有另外一群人，選擇全盤接受並融入當地文化，穿著打扮，以及思維都和當地人無異，不過依舊保有台灣人好客的本性。一對在首都市中心精華地帶經營旅行社和旅館的台灣

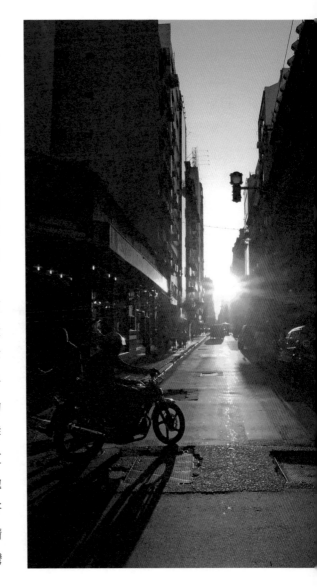

夫妻,聽說我和11來中南美的旅程,免費提供我們一人一間位於市區旅館的房間,他們認為住在市中心,才能體會這個不夜城最真實的生活,這樣對布宜諾斯艾利斯的了解才算全面。我和11厚顏的接受了他們的好意。入夜後的首都,整體感覺有種神奇的轉變,柔和的燈光打在磚瓦建築物上,搓揉出典雅歐洲風味的夜晚。有一個景像引起我的注意,隨著天色漸漸變暗,路上行人的步伐加快了,商業街道上徘徊的警察,似乎也象徵著我們所看到的或許僅是表面上的和平,幾間club前方聚集了一群穿著特異的年輕人,他們不懷好意地嬉笑著,喧鬧的「佛羅里達街」街頭,讓我聯想到台北的萬華與台中的大雅路,這就是我印象中布宜諾斯艾利斯的夜晚。

三、阿根廷 顛覆是非界限的留客之地

02 中南美的歐洲

阿根廷主要以歐洲白人移民後裔為主體，因此走在首都的街上，遇到的人事物往往讓人有身在歐洲的錯覺。阿根廷人盡力把太平洋彼岸歐洲的一切，一一複製到太平洋的另一邊的這裡。

他們學習法國，從埋葬偉人的先賢寺到歌劇院，阿根廷人不僅複製，還把這些屬於門面的東西做到極致。布宜諾斯艾利斯的科隆大劇院 (Teatro Colón)，就被稱為是世界上最好的五大劇院之一，愛面子的阿根廷人就是想在世界留名。不過這些漂亮的建築物不僅是作為觀賞用的，阿根廷人使用得相當頻繁，即使所得未及歐洲，但對於藝文活動與美感的要求卻是有過之而無不及。

就在市區的街道上的某棟建築物，從外觀完全看不出裡面藏了一座歌劇院。這座歌劇院因年久失修，原本面臨拆遷的命運，卻獲得類似阿根廷的誠品書店青睞，將這裡改裝成書局。本來作為主要觀眾席的地方，現在擺上了一排排的圖書；兩旁觀賞表演的小包廂也提供給客人看書；主舞台的位置，現在變成了一間由書店經營的咖啡廳。一進入這間書局，超挑高的大廳帶來視覺上的震撼；挑了本書坐在小包廂內，不遠處傳來陣陣咖啡香，書裡的世界絲毫不比過去舞台上的表演遜色。

近年來全世界最受歡迎的阿根廷足球明星梅西 (Messi)，再次證明這項從歐洲興起的運動，拉美才是它發揚光大的地方，自然阿根廷的小男孩都有一個足球夢。由瑪丹娜主演的電影《阿根廷別為我哭泣》中，阿根廷國母Evita，因其美貌及備受爭議的言行，這在西方世界原本是難以讓人接受

的，可是在這片魔幻寫實之地上，不可
能的事情也成為可能。今日人們已不記
得阿根廷當時的總統，只記得這位戲劇
張力十足的Evita，從市郊法國公墓中她
的墓，到市區建築物上出現她的影子，
仍吸引阿根廷與世界各地的人們，前來
觀看這齣令人難忘的戲劇。

　　在速食店裡，我們遇到一個想當老
師的女孩和一位想當警察的小男孩，不
知是否因Evita的影響，他們舉手投足間
竟有明星風采，以致接著一對想當歌星
的兄妹，毫不扭捏地在陌生人面前開始
唱歌，也就不讓人意外了。

　　擁有深厚文化底蘊的歐洲人，抵達
這片奇幻之地，逐漸成了阿根廷人後，
一方面想保留祖先文化之根，一方面卻
積極地想展現出一個全新的開始，所以
他們修築了世界最寬的馬路——七月九
日大道(Avenida 9 de Julio)，在紀念阿根
廷的獨立紀念日，仍要表達自己到了這
個新世界的企圖心，成為世界第一。另
一方面，首都的道路也很有趣，不似臺

三、阿根廷　顛覆是非界限的留客之地

灣把路分成幾段,這裡偏愛將一條路編號到底,因此常常見到上百、上千號,這或許也算是阿根廷的另一特色吧。

　　不知道是不是到了新大陸的歐洲人,終可以甩開過去在歐陸面臨的飽和人口壓力,於是他們急著在偌大的平原上蓋新房子,他們鼓勵藝術家創作,一座座新奇美麗的裝置藝術,於焉在市區誕生,當地人們看著這些美輪美奐的藝術品,心中充滿了驕傲;不過當一陣大雨降下後,布宜諾斯艾利斯市粗糙的基本建設的真實面貌便顯露出來。如此一座偉大的現代化城市,除了土地規劃十分不理想外,無下水道系統,更讓市區在大雨後成為水鄉澤國。儒家思想背景的我們,選擇樸實但安全的生活模式,孰好;孰壞?看到醉人的探戈表演後,我沒有答案。市區一處治安死角 La Boca的Caminito區域,即使遊客如織,但市政府仍未完善規劃地鐵系統,而包含我們在內的國際遊客,仍前仆後繼想要前往這個隨時可能遭到搶劫危機的區域,看看五顏六色的房子,體驗街角已然商業化的探戈表演。已將儒家思想內化的我,阿根廷這種寫實卻又不真實的生活方式,讓我不禁開始欣賞這塊魔幻之　地。

三、阿根廷　顛覆是非界限的留客之地

03 政府，合法的流氓

一個安靜的夜晚，劉叔叔鎖
上家裡大門的七道大鎖後，我們
開始當晚的對話，阿姨端來世界
上最好吃的哈密瓜，從表層到中
心，甜度高且平均，牙齒彷彿都要
被融化了。劉叔叔他們天天拿這
些高品質的水果去供養佛光山，
佛祖們真是幸福呀！廣大的平原、
充足的陽光、豐沛的雨水，造就出
物產豐饒的阿根廷，連首都名字
的譯意都是「美好的空氣」；叔叔
上次回台灣已經是十多年前了，他
提到當時自己一下飛機就因為空
氣污染而一直咳嗽，讓他嚇得想
趕快回阿根廷。就在此一美好的
環境下，阿根廷卻出現過恐怖擄
嬰的獨裁者；近年政策極右傾的
幾任總統，無法解決貪污問題，似
乎保障大多不事生產的無產階級
政策繼續擴大。

幾年前法商家樂福揮刀進軍阿根廷，其中一家就開在劉叔叔他們超市的巷口，一開始生意稍受影響，但用心的叔叔總是一週三次，在早上四、五點就起床去批貨，童叟無欺的善良本性也讓他總能拿到最棒的貨；並發揮創意，開始兼賣些小盆栽。成功挺過這道難關。不過，在物價波動頻繁的阿根廷，所有商品價格必須天天更動，否則微薄的利潤一下子就被侵蝕掉，因此天天都看到整間店的員工在調整架上標籤的價格，如被政府發現電腦中的價格和架上價格不同時還會被開罰單。面對這些不公平的政策，認真敦厚的華人大都將苦水吞下去。

好幾天的早上，我在收銀台旁和阿姨他們聊天，偶爾看到許多看起來像流浪漢的人，用一張特殊的卡來付錢，原來這是政府的「德政」，學習歐洲福利國家的政策，大量從寅吃卯糧的國庫發放補助金給無產階級的民眾。阿姨還提到有時警察會進店裡拿瓶可樂再抓個麵包就準備離開，這些無理的社會現象，層出不窮。劉叔叔在市區開相館的親戚，幾年前的一個晚上，遭到搶匪行搶、殺害，家人報警後，警察進入整棟建築物搜索，卻不讓他們進入，之後回到屋裡，發現有些值錢的東西不翼而飛，這樣的無力感，我實在無法承受。

三、阿根廷 顛覆是非界限的留客之地

另外一位師大畢業的林阿姨，長年推動僑民華文教育不遺於力，知道我們教育工作的背景，熱情邀約妙眾師父和我們兩個一同前去一間知名的披薩餐廳，席間她輕描淡寫地聊到她的旅館被侵佔一事。原來現在阿根廷政府的民粹思想，睜一隻眼閉一隻眼，容許流氓霸佔有產階級的資產，甚至有人說這些流氓都是總統的打手，所以這位阿姨的旅館就這樣被佔了三年。但她樂觀地說，她朋友的旅館遇到相同的情況，一般花四年打官司就可以取回，然而還是有件事讓她無法接受，就是當時外出參加佛光會活動的她，回家發現旅館被侵佔後，她為了拿回旅館裡的重要文件和物品，必須請求難以信任的警察陪同她進去，一組她新買的心愛古董桌椅當然無法一起拿走，去年她竟然在跳蚤市場看到這張桌子，當下，她為之氣結，想和市場老板理論，最後仍是徒勞無功，更離譜的是，那家旅館現在還掛著招牌繼續營業。中南美的邏輯，真的不是我們所能理解和接受的。

　　我們常說台灣萬萬稅，這句話用在阿根廷政府身上，更為貼切。政府每年調漲各式各樣的稅賦，然後增加對那批無產階級的補貼，讓身為中產階級的台灣華僑很難接受。舉例來說，這幾年的房屋稅竟然漲了300%，身經百戰的劉叔叔還跟我提到，他們得留下15~16年前的稅務資料，以應付政府隨時發通知要他們補繳過去的稅，如果你沒有資料證明，就必須補繳，沒人知道政府到底有意還是無意的寄發繳款證明；這兩年政府再次推出新招，大大限制所有的進口品，完全沒有考量到是否有辦法取得替代品，這項政策的原因僅是為了保護在地產業，連叔叔他們賣的西班牙火腿也受到影響。台灣銀行的存款利率最近已提升至 1 至 2 %，沒想到阿根廷政府更狠，要求徵收銀行中存款的「存款稅」，許多台僑預測另外一次的經濟

崩盤即將到來，這些經營小本生意的人們為了躲避嚴格管制外匯的國家政策，只得進入黑市，將財產換成美金來保值。

近十年來，中國的移民潮湧向全世界。與中國交好的阿根廷，湧入了近十萬的中國人，有錢人早就移往歐美先進國家，所以來到這裡的人們，大多辛苦地從一些小生意做起，沒想到中國的幫派趁勢而入，用暴力手段要求這些廠商繳交「入會費」，一般他們都在店裡準備拉下鐵門前，將一封信塞入門縫，要求隔天就得付出公定價5000美金的保護費，不從者可能

被砍被殺，阿根廷政府對於這件看起來像是其他國的事並無太大動作，後來才知道當地警察們終於有些作為，他們一直暗中搜集情資，並將其資料提供給中國公安；中國政府也不是省油的燈，直接放消息給這些幫派分子，說會好好「照顧」他們在故鄉的家人，如此才讓這件事暫時告一段落。在阿根廷時，我正好看到幾個黑道背景的「互助會」在當地中文刊物上，鄭重地向大家解釋他們必須休息的消息，幸好擁有地方人脈的台僑大都沒有受害。

我告訴劉叔叔說，我想把這些華僑辛苦的故事寫下來，他和阿姨笑說，他們反倒覺得我們背包客比較厲害！他們實在太謙虛了，17世紀起，華人開始移民海外。

三、阿根廷 顛覆是非界限的留客之地

FOTO· Víctor Hugo Bugge

19世紀，多少華人祖先在美國鐵路的修造上付出性命；20世紀初，舊金山灣外海的天使島事件，以及幾百年來各地的排華運動，這些都打不倒華人、台灣人追求更好生活的夢想。無論這樣的選擇正確與否，我只知道，身在相對生活穩定的台灣，應該停止無知的謾罵，開始珍惜我們所擁有的，我衷心感謝這群仍心繫台灣的朋友們，正因你們的溫暖和幫忙，讓我在異鄉有了「家」的感覺。

　　離開阿根廷的前幾個小時，駐阿根廷的李世民大使送上一份大禮，讓整趟阿根廷之旅更加不可思議，這份禮物就是到他家吃正統臺灣牛肉麵。原汁原味的料理方式，加上阿根廷完美的牛肉，這絕對是我這輩子吃過最好吃的牛肉麵，接下來旅程，當我啃著麵包時，這份肚子和心裡的滿足感，成為我的幻想目標。

04 搶匪與善心人 - 伊瓜蘇大瀑布

在布伊諾斯艾麗斯待了一週後，隔天一早四點，劉叔叔去早市買菜前，先順路載我們去機場。前一晚在準備隔天要搭機去伊瓜蘇大瀑布的行李時，阿姨擔心我們會挨餓，特地硬塞了兩包餅乾、一包馬份蛋糕給我，他們的熱情和善良，直到現在想起，仍覺感動鼻酸，而且這些食物，陰錯陽差成為我們當天救命的食物。

凌晨的機場，人聲一樣鼎沸，有許多國內航線班機，天未亮就出發了，顯示出在貧富差距嚴重的阿根廷，M型社會中優勢一方的生活，是相當舒適的。一個典型的阿根廷女生排在我前面，不知有意還是無意，她豐腴的臀部晃來晃去的，露出滿滿的自信，吸引住在場所有人的目光，想起一篇報導介紹中南美人的審美觀，他們認為女性的臀部遠比胸前重要，所以不需要看她的長相，這位小姐在這裡一定極受歡迎！

我希望能省點錢，便建議 11，我們當晚就直接在伊瓜蘇的機場打地鋪過夜，心想反正睡一覺起來剛好接上第二天一早的飛機。登機時，我們的護照再次被多看了幾眼，最後順利搭上飛機。這班飛機超過一半的乘客是來自加拿大的老人。高空中的氣壓讓我墜入夢鄉，半夢半醒間，飛機上播放著來自魁北克的整人節目，我座位

附近的巴西夫妻看得津津有味，爽朗的笑聲，與窗外一望無際的荒漠形成對比，真羨慕他們可以彷若四下無人般自在地開懷大笑，這也是中南美洲人們普遍的特質。智利 Lan 航空短程航線的固定料理是三包餅乾，三種都是甜死人不償命的口味，嗜甜是中南美洲人們另一特質。一回神，窗外的景緻已由荒漠變成蓊鬱樹林，遠處有一道混濁的河流，土黃色的河水在陽光下顯得更為立體，像是人類的血管，努力的將水分送往雨林的各處，以滋潤生命。就在飛機準備降落之際，萬噸的河水在叢林的缺口奔流而下，激起的水花有好幾層樓高，聲勢驚人——伊瓜蘇瀑布到了。

　　木造簡陋的機場，充斥著販賣泛黃明信片的紀念品的商店，有股懶洋洋的氛圍。同飛機的加拿大老人團搭上遊覽車離開了，背包客們只能各自

面對人數教背包客多出五倍以上的計程車司機，他們非常團結，只有一種價錢——100披索。我們因不想浪費三倍的時間搭公車，公車會先進城再轉到國家公園，咬咬牙還是跳上了計程車；前往瀑布途中，兩旁高大的樹木像極了侏羅紀公園場景，如果此刻突然有恐龍探出頭來，我想應該不會太意外。熱帶雨林的潮溼悶熱，容易讓人產生這樣的聯想。

三、阿根廷　顛覆是非界限的留客之地

公園門票每人100披索。這天恰好接近滿月，公園另提供了要價每人270披索，可以坐在瀑布旁，邊觀看全世界最大的自然月亮和水幕秀，邊吃晚餐的行程。身為背包客的我們，跳過享受而選擇了刺激的水上行程，兩人一共花費580披索，其中包含搭乘露天巴士看動物、可以進入瀑布裡的快艇和順著河流飄浮而下的全套行程。當下花錢花得豪爽，殊不知當晚我們將為此付出代價。

伊瓜蘇國家公園跨巴西、阿根廷和巴拉圭三國，從阿根廷進入，可以到達最靠近瀑布的點，若從巴西和巴拉圭的方向進入，則可以看到瀑布全景。一般說來，從阿根廷進入最受歡迎。由

公園入口，可經由兩個方向前往瀑布。包含較無景點的綠徑 (Green Trail) 和沿路有火車的上、下徑 (Upper & Lower Trail)，因上、下徑可以從不同角度觀看整個瀑布，故觀光客幾乎都集中在這邊。如果搭乘火車，可直達公園最高也是最遠處——Garganta Station，著名的「魔鬼的咽喉」瀑布口就位於此處。

我們參加的Tour，從公園大門口，又順著一條名為Macuco的小徑而下，當時日正當中，完全不見任何動物，這讓我想起之前參觀位於澳洲內陸中心的Urulu國家公園時，當地導遊就笑說只有人類會那麼傻，正中午還在外面四處遊走，沒想到，我竟重蹈覆轍。這條小徑的終點是一個碼頭，到了那裡，我和11傻傻地一直照相，外國人早就搶好觀光船最前方的位置，我們只得和一對年輕夫妻，以及他們強褓中的女兒坐在船的最後面。

　　船公司貼心地提供防水袋，讓大家把脫掉的衣物、電子用品裝進去。之後船慢慢駛往瀑布群，一路上只聞其聲，隨著轟隆隆的水聲越來越近，心跳也不自覺地加快；當整片瀑布出現在眼前的那一刻，船上的人都驚訝得說不出話來，「壯觀」二字已不足以形容大自然的鬼斧神工。接著，觀光船衝往275道水柱中的一道，那種感覺就像是站在美國大峽谷的谷底，突然下起了大雨，四周圍繞的山如同山洪爆發，全部的水瞬間傾瀉而下。此時坐在船前座的人像是做Spa般，瀑布打在全身，難怪大家都搶坐前方的位子；當船駛向最

大面積的瀑布支流時，全船的人都被濺起水花濺到睜不開眼睛，連呼吸都很勉強！這時我隱約聽到了嬰兒哭聲，突然想起來，臨座的這對父母，怎麼會帶著嬰兒來參加這麼危險的活動！希望對小女娃的心

理不會有影響。上岸後,男生們索性不穿衣服了,毒辣辣的太陽,一下子就把大伙兒的衣褲、頭髮烤乾了。

我們找了個涼快的地方吃著阿姨替我們準備的點心。此刻,搶匪就在現場……

從第一個沒公德心的觀光客開始餵食這裡的長鼻浣熊 (Coati) 的那一刻起,這群帶著可愛面具的剽悍的野生動物,漸漸失去野外覓食的能力,人類暨是這種結果的最大幫凶,也是受害者。

今天的午餐菜單是瑪芬蛋糕,燕麥餅乾與小包巧克力餅乾各一包,我們把最好吃的蛋糕留待最後享用。正當我和11開始吃起那兩包餅乾,突然,一隻Coati跳到我們背後的椅背上,我們直覺反應是馬上站起來跳開,此時,另一隻Coati早已埋伏在我們椅子底下的,說時遲,那時快,牠前腳擱上椅子,嘴巴一咬,就咬走了我們整包的瑪芬蛋糕,頭也不回地跑進樹叢裡,這時散佈在附近的牠的同黨,全部一溜煙的跑進樹叢裡,整個過程不超過五秒,旁邊一群美國人見狀笑得非常開心,不過「囂張的沒有落魄的久」(台語),三分鐘後,其中一個美國人拿在手上的三明治,被這群搶匪以同樣手法直接從他手上咬走,這裡的治安應該比里約的貧民窟還糟吧!

搶案之後,我們繼續搭乘火車前往公園內最有名的「魔鬼的咽喉」。走在流向瀑布的河流上方的步道,平靜的水面完全感受不出幾百公尺之後就是全世界的第二大瀑布。電影裡常出現的橋段——主角們坐著船快到瀑布口才發現瀑布到了,似乎所言不假。越靠近瀑布,來自魔鬼的吼聲由小漸大,剛剛在空中瞥見的水氣也出現了,我們懷著忐忑的心小心翼翼,直到站在「咽喉」旁,才深刻了解這個的名字的意義!

　　有人說「黃河之水天上來」，那天上的水又從哪裡來的呢？我想是從伊瓜蘇瀑布來的吧！河水就像是非洲動物大遷徙一樣，即使知道河流內有鱷魚，一隻隻的野馬仍是依著本能，義無反顧的往前衝！想像一下，你站在這群野馬的正上方一公尺，看著牠們衝進險惡的河流中……瀑布壯闊的空間感，讓人身心靈都受到極大的震撼，濺起的水花讓人幾乎無法睜開眼睛；其磅礴的氣勢，讓人不由自主的想靠近，然後一躍而下，與壯麗的景觀融為一體。幸好炎熱的陽光，曬得我從幻想中醒來。

　　回程搭了一艘如同水上樂園的漂漂河氣墊船，我們的頭皮再次曝曬在烈日之下。就在今天的冒險之旅即將告一段落之際，比起徹底防曬的11，我已經被曬到中暑，只好跟11道歉，喪氣地回鎮上找青年旅館休息。

　　坐計程車回到鎮上後，負責計算幣值的11，算出我們僅剩185披索，其中的60披索得支付隔天一早兩人前往機場的公車費用；於是她跟我要美金，這時我才發現，我把美金全留在首都。更慘的是，這裡的商店和一般的青年旅館都拒收信用卡，僅剩下125披索可用的我們開始後悔參與白天「整套」的冒險之旅。

　　走遍了這個位於阿根廷邊境的小鎮，YH系統的兩家青年旅館、其他的青年旅館，每床至少70披索，接近滿床的旅館完全不讓我們殺價，該怎麼辦才好？我們甚至做了最壞的打算——搭計程車到機場吧（公車只有白天）！就在絕望之際，遠處閃著綠色燈光，走近一看，是間門可羅雀的青年旅館，老實說，詭異的色調和青蛙塗鴉的牆面，與其名稱 "Crazy Summer"，實在讓我們不敢恭維。但我們已經走投無路，只好懷著忐忑不安的走進去。詢問之後，每床仍是70披索，125披索根本不夠，我們帶著可

三、阿根廷　顛覆是非界限的留客之地

憐的表情，露出曬傷的臉、脖子和背，接著我把皮包整個倒出來給老闆娘看；略待豐腴的她，身穿無袖洋裝，健康的小麥色肌膚很有南洋味。我們試著解釋，此時此刻的我們連罐可樂都買不起的悲慘狀況。沒想到她竟然答應了！僅收我們每人60披索。由於大家都跟著Lonely Planet的推薦擠到那老舊的YH，故整間旅館空無一人，這裡幾乎被我們包場了。在中南美洲旅行，隨意走走，尋找旅館，有時的確能發現驚喜。

　　這間略有外星風味卻散發出設計風格的青年旅館，以投射至牆壁的燈光為主，配上峇里島風的家具，其實很有度假的氛圍。旅館中間還有一個小巧的游泳池，曬傷的我，興沖沖的奔向游泳池，我了解游泳池的規矩，下水前得先沖洗一下，於是就站在水池旁的蓮蓬頭下方。由於我的身高較高，便先調整一下蓮蓬頭的位置；沒想到一拉，我成了手握蓮藕頭的菩

薩，這下慘了！我該怎麼賠償他們呢？鼓起勇氣，拿著蓮蓬頭，走到櫃台前。這時櫃台裡的人換成了老闆，他個子不高卻很魁梧；平頭的他，讓我想起洛杉磯拉丁裔角頭。他聽了我的陳述，看著我手上拿的蓮蓬頭，劈哩啪啦了一堆，應該是在說他好心讓我們住宿，卻遇到我這樣的房客，我就像做錯壞事的孩子，低著頭，聽他罵。三分鐘後，他手一揮，摸摸鼻子坐了下來，揮手示意要我快去游泳，但我覺得不保險，趕緊要 11 在網路打卡，以防萬一真住進了龍門客棧，至少還有人知道我們最後的足跡。

帶著緊張的心情，這個熱帶的夜晚，我餓到不行，上午出門前阿姨給我們的餅乾，僅剩 1 塊半，兩人只好沾著餅乾屑配著旅館內的水，當作晚餐。當天晚上，我們倆都累到頭一碰到枕頭，就立即睡死了。當隔天一早被陽光曬醒時，終於證明這家旅館的老闆和老闆娘是真正的大善人。大家有機會來這裡旅行的話，一定要光顧這家旅館，不過要記得，使用設施得「輕輕」來。

隔天，我們順利地回到了首都。一看到劉叔叔，我們立刻告訴他，我們被搶了，當下他嚇了一大跳，直到聽完我們的敘述後，也和我們開心地大笑。等我們到了超市，只見劉叔叔迅速上樓，我們又重施故技嚇唬了其他劉家人，並和他們分享這趟冒險故事。十分鐘後，劉叔叔吆喝著我們上樓，貼心的他已經為我們準備好份量十足的現煎阿根廷牛排了。這趟折騰人的短暫旅行終於在這份溫暖的關懷中劃下美好的句點。

三、阿根廷 顛覆是非界限的留客之地

四、巴塔哥尼亞高原
上帝費心寫下的屠龍史詩

01 世界之南——眺望南極

在亞熱帶出生成長的我們，最期待能一睹智利與阿根廷南部的巴塔哥尼亞高原，山頂終年未融的積雪、無比壯觀的冰河、讓三毛留下浪漫足跡的彭巴草原，都讓人嚮往不已。當我們到達這裡之後，所經歷的卻遠超過我們的預期。

在布宜諾斯艾利斯的倒數第二天，正好碰上週末，眾多佛光會的朋友前來準備好吃的素齋。鮮花素果將會所妝點地十分高雅，許多來佛光會學中文、氣功、舞蹈的阿根廷人，也興奮地前來湊熱鬧，其中一位供養了一罐「沙拉油」，妙眾師父說其實只要是素食而且有心都很好。我注視這罐油，對於這位外國朋友的創意，感到相當有趣。一旁手藝精湛，正在插花的阿姨，正巧是阿根廷最南端城市烏蘇懷亞 (Ushuaia) 唯二台裔家庭之一的女主人，在師父引介下，她爽快地答應讓我們住她家，感謝在這趟旅程中所有為我們付出的人，你們所做的一切，都是這趟旅程得以完成的原因。

烏蘇懷亞城鎮的發展類似啞鈴。啞鈴的右邊是大部分背包客、前往南極遊客的出沒之處，旅館、商店林立；左邊則是以烏蘇懷亞當地居民為主的生活圈。從陸連島的機場出來後，所有乘客都換穿上厚重的外套，凝視

著遠方的雪山，我開始幻想，若是能從對面山頭上的積雪划下來，該有多刺激啊！到了這家烏蘇懷亞最大的非連鎖超商前竟然是休息的，因為不好意思一大早就敲人家的門，我和11兩人只好在寒風中等了半小時。出發前阿姨幫我們準備的水煮蛋，這時就像牛排一樣可口。這家超商和劉叔叔、阿姨家所經營的同名，也叫Supermercadola Victoria，不過這裡規模更大，且雇用許多其他拉美國家的幫手。雖然經營如此有規模的商店，這位叔叔卻話不多，但招待人時卻非常慎重和熱情，當他看到我們飢寒交迫的樣子，馬上幫我們熱了昨晚的羊肉爐，是正宗高雄岡山的味道！原來前一晚，一群住在首都的台僑，剛從台灣回來，就帶著這些滷包來找叔叔敘舊。幸運的我們嘗到了這難得的食物。雖是阿根廷的夏末，溫度大約攝氏五到十度，真是吃羊肉爐的最好時間。當晚叔叔又再度帶給我們驚喜，一人一隻帝王蟹！補到我都快流鼻血了，11 一直認為自己到中南美會變瘦，看來這如意算盤打錯了。

來到烏蘇懷亞的遊客，多數都是準備搭乘前往南極的油輪。這裡被稱為 "Fin Del

四、巴塔哥尼亞高原　上帝費心寫下的屠龍史詩

Mundo"（世界終點）小鎮，也是火地島省的最大城市。「火地島 (Tierra del Fuego)」源自16世紀麥哲倫駛船經過，看到當地原住民光著身子，用不同油彩塗滿了整個身體，然後在地板上點燃了一個個的火堆。文明的入侵，迫使當地原住民五族的生活越來越艱困，最後被逼到小島生活的原住民，因獵捕不到足夠的海狗而餓死，現在他們雖然已經絕跡了一百多年，阿根廷人把火地島原住民豐富的人體彩繪發展成文創商品。看著這些東西，我心頭一陣刺痛，環繞了大半個地球，原住民文化的死亡之約在強勢文化之下，依舊繼續著。

　　前往南極最便宜的油輪票價約3500至4000
美金，因超出我們的預算太多只好放棄。其他的
戶外運動的費用大都相當昂貴，或許就因來到這
裡的遊客，經濟能力大多不錯。所以我和11決定
投身大自然，好好地以雙腳「走」一遭大部分人
所忽略的「火地島國家公園」！到國家公園，最
便宜的辦法就是從遊客中心旁搭公車前往，車程
僅半小時。公園的門票，只對阿根廷和智利國民
提供折扣。買完票之後，很多人會選擇搭懷舊小
火車進入國家公園；我們仍採省錢方法，純粹走
訪最多人推薦的編號2「Costera Trail步道」。沿
著Lapataia海灣的步道，湖光山色一詞早以不足
形容。一座座的山，就像女性的身軀玲瓏有致，
山上殘留著未融的雪，偶有一絲雲霧飄過，整個
人也跟著輕鬆了起來；湛藍的海水包圍著山丘，
就像一杯漂浮在雪碧上的冰淇淋。路旁的樹木，
因為經年累月受盡風的吹襲或冬天的積雪而擁
有千奇百怪的樹幹形狀，有時透過樹望向湖景，
就像隔著畫框看一幅畫，偶有野兔、飛鳥出現，
好不夢幻。走了兩個多小時，幾乎沒遇到其他遊
客。我不自覺地開始相信如果世界真有烏托邦，
那應該就是這裡了。

四、巴塔哥尼亞高原　上帝費心寫下的屠龍史詩

走完這段步道，還可以再往前走一小段，進入 "Lapataia Area"，這裡與智利邊界僅有幾百公尺，此區域也是著名的泛美公路的終點。我們在這裡遇到一對法國的單車騎士，他們從厄瓜多一路往南騎，終於到了公路的盡頭。看著這極南之地，四周是如此安靜，我的心也跟著靜了下來。此刻，心中出現永遠待在這裡的念頭，不過有個前提，那就是這裡四季最好都是夏天！

回到了市區，當晚與在烏蘇懷亞的另外一個台僑家庭碰面了，男主人是位豪爽的醫生，擁有漂亮的太太和兩個看起來已有舞者架勢、就讀於小學的女兒。醫生自小學移民阿根廷後就一直住在首都，在阿根廷經濟大蕭條的當時，他仍選擇繼續留在哺育他成長的阿根廷，因為熱愛戶外運動，就舉家搬到了這個城市。小小的烏蘇懷亞市，是阿根廷三大音樂會之一的所在地，加上永遠走不膩的登山路線，這一切都讓這個小家庭在金錢與生活品質的天平上，毫無疑問地做出了選擇。雖然兩個女兒不會說中文，但她們仍保有華人害羞的本性，當我訪問她們夢想時，還緊張到掉淚。這一點，對她們感到很抱歉，不過看到她們的成長背景與用心的父母，我相信兩姐妹成為舞者與鋼琴師的夢想應該不遠了。

02 傲然孤立的百內塔

若說到智利南部最著名的景點，則非「百內塔」莫屬了。環繞百內塔的W路線，更是所有熱愛健行的人，一生必訪之地。我們搭上清晨五點從烏蘇懷亞出發的巴士，一路北上，朝Puerto Natales小鎮前進。離開城市不久後，柏油路不見了，取而代之的是碎石路。和土耳其一樣，巴士上有個空少服務大家，然而苦澀的咖啡和半個甜甜圈，實在難以和豪華服務的土

耳其相比。整輛車上除了我們之外，大部分都是同一團的德國老人團，這群老人令人佩服，居然也 一同在這輛左搖右晃的巴士上待了14個小時。之前在伊瓜蘇瀑布遇到的一對德國老夫妻，還曾因為Lan航空突然取消航班，選擇從布宜諾斯艾利斯搭乘20小時的巴士，以趕上預定行程。希望在我年邁之時，仍有這種冒險的熱情和體力。

巴士裡的暖氣，讓車上的乘客昏昏欲睡。一進入超級嚴謹的智利海關，所有人和所有行李都被請出車子，所有水果、肉類食物全部沒收，送去銷毀，一律不得帶進智利國內。緝毒犬將行李聞過一輪後，再送過X光機檢查，陣仗可媲美登機安檢了。

我們一路穿越彭巴草原，路旁受到驚動的羊駝奔跑了起來，單調的景色頓時增添了趣味。下午，我們和「巴士與卡車」等著上船渡過海灣，本來我和大家一起在岸邊等著車子先上船，但因為太冷，便跑上車去拿外套，正當準備下車時，輪到了我們搭乘的巴士上船，此時司機示意我一起享受這刺激的一刻——坐在巴士裡，與巴士一起上船。當引擎聲啟動的瞬間，感覺就像坐在變

形金剛裡面。上了甲板後，順著大家的驚呼聲，看到一隻海豚躍出了水面，成為15分鐘航程中一大亮點。大約傍晚時分，我們抵達了Punta Arena準備換車。等車的背包客們，一起衝入巴士站旁的大賣場；因為剛剛那輛巴士，一路上都沒停下來休息，我們早已餓超過十小時了。寒風迎面吹來，旁邊一隻狗哀怨地看著我們手上的食物，我永遠記得坐在超市外的長椅上，和一旁的狗朋友分享那隻烤雞的美味的情景。晚上九點終於抵達目的地，住進了一間僅容八個人的旅館，養精蓄銳，為隔天的百內之行做好準備。

　　本來胸懷大志的我們想挑戰攀爬百內塔，但因身體微恙，寒風吹得我們搖搖晃晃，只得放棄背著裝備攀爬四至五天的山路，改成劉姥姥式的巴士進香行程。在巴士上，我們遇到了許多有趣的乘客：一個阿根廷的四口之家、一個比亞洲人還愛拍照的法國女生和一個日本女生Yui，因為文化相近的關係，我們很快就和Yui變成三人組。一路上，我們最大的娛樂就是陷害對方去幫那位法國女生拍照，原因是這位法國人的挑剔程度可媲美《穿著Prada的惡魔》中的米蘭達。每次我們照完之後，都得接受她的「指導」，重拍個三五次；然而她的挑剔並未反應在她的照相技術上。好心的11幾乎成為她的專屬攝影師，就當作是一次不賴的國民外交吧！

　　其實巴士之旅超乎我們預期。行程為繞著整座百內國家公園一大圈，司機會在許多經典的位置停下來，讓我們能遠眺整片壯麗的山脈。如同琥珀寶石的冰川湖泊、那不輸颱風強度的超強勁風吹得我們連往前走都異常吃力，這一切都令人印象深刻；偶有幾隻火鶴沿著湖面飛行，如同日本櫻花般點綴了藍藍的天與湖。晌午時分，大家散坐在湖畔，那一刻，阿爾卑斯山在我心中的女神地位，已被安第斯山脈給取代了；山脈上歷經千萬年寒風、冰雪洗

禮的岩石，露出如同惡龍背上的脊角，安安靜靜地等待甦醒的那天。

　　旅程最後，我們到了另一個冰山湖畔，這裡的風像是一堵牆般，讓逆風而行的我們難以靠近，卻也將順風面的冰河吹落成一塊塊的冰塊；有些大如大象，又像巨人的沙發，童心未泯的觀光客拾起小冰塊，拍下各式搞笑的照片。我非常滿意這趟巴士之旅，雖錯過一親百內塔芳澤的機會，卻能看到與登山截然不同的景致；不過我暗下決定，下次一定要用雙腳走訪百內塔！

03 大冰川～我來了！

　　曾在網路上看到一張美到不可思議的冰河照片，讓我決定一定要拜訪巴塔哥尼亞，這個冰河就是號稱全世界最輕易可親的自然美景。

　　我們兩人和Yui一早從智利準備再次越過國界回到阿根廷，偌大的阿根廷不怎麼擔心植物病蟲害，即使你邊走過國界邊吃著蘋果，也不會有人搭理，可是我和11的簽證出了點問題，主因是簽證官較少遇到從這兒通過國界的臺灣人。偏偏阿根廷因為親中，與新加坡、巴西等國家一樣，在我們申請簽證時，因不承認我們的護照，故僅核發一張「紙」，並將所有的入、出境章皆蓋在上面。新加坡知道臺灣人非常在意，所以他們特意訓練海關人員迅速處理這些事情，並送上熱情的笑容，讓臺灣人忽略政治不對等所帶來的不舒服感。這位阿根廷的簽證官本來要在我們護照上直接蓋章，被他主管喝止，兩人研究了很久，還打了很多通電話回首都，直到所有巴士的其他乘客都回到車上後，他們才確認我們是合法的，小心翼翼地在那張紙上蓋了章。上車時，大家對我們投以奇怪的眼神；因為事先告訴了Yui，我們可能會遇到這種情況，此時她開始慢慢體會我們南方島國人民的無奈。

到了阿根廷的 El Calafate，準備開始尋找旅館。11外套上的大國旗吸引了兩個臺灣背包客的注意，就在他們前來，準備開口前，我們先大聲喊出「AJ」、「游董」，他們恰好是我們沿路上參考遊程的部落格版主。緣分就是如此，沒想到竟然就這樣遇到了偶像；況且臺灣人碰面分外親切，我和11便隨著他們兩個人入住上一間位於半山腰的景色宜人的青年旅館。

AJ和游董兩人從臺灣出發，一路上旅伴有所增減，只有他們兩位堅持了原本所規劃的環球旅行。AJ本來的工作與影片有關，而木訥寡言的游董是個「土水師」（台語），這樣子特別的奇妙組合，讓原本的旅程更加精彩，隔天我們一同搭車前往大冰川。

從 El Calafate 前往大冰川，大概費時一個鐘頭。沿途景色就像北歐的典型風光，當巴士逐漸接近大冰川，我們瞥見了寶石綠色的河水，說明了河水是來自冰河。阿根廷人很聰明，巴士先把我們載到搭乘遊船的地點，其實這裡離冰川僅剩一個轉角，但偏偏就是看不見，遊客們可自由選擇是否搭船，如果選擇不搭，還是得等到大家都回來。此時所有的人大多乖乖付了約400台幣的費用，登船一遊。大家在碼頭上排好隊，AJ、11和我包得像顆粽子，唯獨游董穿著七分褲、夾腳拖、背心加上件薄外套，不僅我們搶著跟他照相，連路人也對他投以好奇與佩服的眼光，他自豪地說：「土水師唔驚寒（台語）。」

四、巴塔哥尼亞高原 上帝費心寫下的屠龍史詩

　　乘客們先待在溫暖的船艙內，隨著目睹大冰川的時間即將到來，大家興奮地跑上甲板。想像一個巨大的冰塊，高山上的冷空氣朝前方呼嘯而去，我們的船正好迎著這股寒冷的風前行，牙齒的打顫聲成為風聲之外唯一的聲音；這一刻，大冰川出現了，所有人莫不發出驚嘆的歡呼，峽谷間一條如巨龍般的冰河，冰塊崎嶇不平的表面如同牠的鱗片，雖然耳邊聽不見這頭野獸的吼叫，但視覺上的震撼早已讓我澎湃不已，這頭巨獸把我吞噬了。

　　回到陸地後，巴士把我們接往大冰川正前方的觀景區。彎彎曲曲的階梯，領著人們走向大冰川的正前方，這塊突出的陸地，就像上天派下的勇士，勇敢面對從峽谷衝出的巨獸；前幾年冰川和陸地之間有個天然的冰橋，如同巨獸的爪掐入了勇士的肩，2012年初斷了，現僅留下一個如匕首般的冰柱，看來這一回勇士佔了上風。

四、巴塔哥尼亞高原　上帝費心寫下的屠龍史詩

　　大家站在冰川前，想盡各種辦法拍攝一些有趣的照片。在游董尚未離開避寒前，我們舉著他們隨身攜帶的國旗，在大冰川前留下難忘的影像。那冰川耀眼的藍，在光線照射之下，發出如同外星球般神祕的藍色，上帝再次派出陽光作為勇士的助手。人們排放的溫室氣體，諷刺地在這幾年也開始幫忙，殺得這條巨龍節節敗退；我們亟欲捕捉這如猛獸崩解的瞬間，因無法預測發生的時間，僅能守著相機。每次大規模的崩塌時，一開始會有兩秒的冰末落下，緊接著整個垂直面的冰連著發生崩塌，此時伴隨著如同過年鞭炮的巨大聲響，像是巨獸不情願所發出的怒吼，這震撼人心的魔音在耳邊盤旋久久。

這齣勇士與猛獸的故事已經存在世界上幾千萬年，我們人類卻在這幾年間加入這屠龍行列，殊不知這猛獸崩解所流出的藍色鮮血，也正讓海平面不斷上升。我頓時明白了，原來這是巨龍處心積慮的詭計呀！

04 世界最棒的工作——國家公園管理員

一早吃完匆忙的早餐，今天AJ和游董即將繼續搭飛機前往Ushuaia，為赴南極作準備；Yui要前往巴西。他們的行程都很令人羨慕。我有些捨不得這即將散去的宴席，但旅行不就是這樣嗎？一直在碰面和說再見中度過，因大家都住在台灣和日本，距離很近，期待下次見面的機會快點到來！

有台巴士在著名的Ruta 40公路上狂奔，會從El Calafate往北直行，奔向有小瑞士稱號的Bariloche，這樣持續不停的行駛得30個小時，一想到我都腿軟了。幸好我們要去的El Chalten僅大約1.5小時的車程。就在巴士漸漸駛近時，著名的Fitz Roy尖山就這樣不真實地矗立在我們眼前，山是那樣高、雪是那樣白、天是那樣藍，這裡就是號稱世界上最棒的登山步道區。

巴士準備進入El Chalten小鎮前，得先停在鎮外的遊客服務中心，大家魚貫下車，按照西文、英文分成兩組，原來我們在進入小鎮前（已屬於國家公園範圍），需要接受基本的公園生態教育。公園管理員 (Ranger) 用濃重西文腔的英文，把登山健行的注意事項交代得一清二楚；其中特別介紹了公園裡的極少見的Huemul鹿，因為他們數量稀少又易受驚嚇，人一走近就一溜煙地跑掉了，這讓監測鹿群生態的管理員相當頭疼，但偏偏保護Huemul又是非常迫切，所以我們每個人被管理員予以重任，如看到Huemul，一定要把數量和地點回報給他們，頓時每個人如同戴上了光榮勳

章，正準備和管理員一同盡心力，保護自然。

　　遊客中心不僅只是提供遊客服務，手工製作的海報、標本、遊戲應有盡有，顯示出這群管理員的用心，許多孩子們在此露出好奇又興奮的表情，東看看、西摸摸，不難感受到他們對於這個充滿驚喜的木屋非常喜愛，其中為孩子設計的手工木製指南，生動的漫畫、互動的元素讓這些學習變得更加有趣，相信El Chalten能保持如創世時的美，這群專業又用心的管理員功不可沒。

　　El Chalten是個因登山而活躍的小鎮，從鎮上的產業可見一斑。居民提供了青年旅館、超市、洗衣店、網咖、理髮廳、一般紀念品店等，提供遊客所有生活必需，使其能盡情享受巴塔哥尼亞 (Patagonia) 的自然之美。這天晚上，民宿的老闆拿出自己的吉他，與來自世界各地的年輕人們一同唱著 Hey Jude! 等歌曲。他年輕時到這裡一遊，卻忘了離開，羨慕他能將自己留在這群山環繞的人間仙境裡的勇氣與決心。

　　El Chalten有許多條登山步道，我們最後選擇走訪北邊最出名的 "Fitz Roy-Laguna de los Tres" 、西邊的 "Cerro Torre-Laguna Torre" 與南邊的 "Los Condores" ，來回分別需要八、六、一小時，因路況良好，除了Fitz Roy的最後攻頂部分外，大致上坡度不算太陡，很多老人拿著登山杖就上去了，許多背著

幾天行囊的登山客,直接露營數天的不在少數,每個人臉上洋溢著飽覽美景的神采。

第一天抵達El Chalten後,我抓了一些麵包、邊拉著11馬不停蹄地衝向西邊的Laguna Torre,這趟來回需費時六小時的健行步道十分好走,我們僅帶著單程需要的水、簡單的麵包和餅乾就上路。在El Chalten區域,與台灣的中級山一樣,天氣翻臉比翻書還快,常常這一瞬間是大晴天,下一刻厚厚的雲層就遮住了溫暖的陽光。無論如何,山形優美的冰雪山峰,配上有著漸層綠色的樹木,還有微風輕輕摩娑臉龐的輕鬆感,仍讓我們有種發自內心無比的滿足。我想來自亞熱帶國家的人,對於這類型溫帶景致都會產生自然而然的嚮往吧!

超商裡的冰河礦泉水,看起來又貴又清涼,到了阿根廷才知道一般的冰河水其實不能喝。管理員一開始就叮嚀我們,看起來呈藍色、寶藍色的河水、湖水,其實含沙量相當大,喝了是會鬧肚子疼的,所以要慎選小河流;為了保護這些河水的純淨,管理員要求露營的遊客們,所有洗滌工作都需要提水至離岸邊一百公尺遠的地方才能進行。我們把握這難能可貴的機會,一看到山澗形成的河水,馬上停下來喝一口,真的很喜歡這種回到工業革命前的無污染自在感。

第二天我們再次挑戰長達24公里的Laguna de los Tres,這條路徑的前三分之一都是上上下下的起伏,我一直期待能夠看到鹿的足跡,不過最後僅有幾隻野兔和臭鼬出來露臉。沿途的指標非常清楚,其設計又融入大自然,真佩服管理員的用心。在阿根廷這類型的國家公園裡,所有的垃圾都必須帶回鎮上丟,雖然露營區會有糞坑,但衛生紙也被規定要

自行帶走，這些所有的要求，都是希望遊客在未來再訪時，這片烏托邦的美景仍然存在。健行時，我們準備的食物相當多元，法國麵包、薯片、蘋果、貴格穀物餅，還有11發現的好物——蕃茄，主要是蕃茄具有水分，可以讓其他餅乾類食物好下嚥些。為了讓口感更加多元，我發明了麵包夾薯片碎屑，這薯片的鹽和油能引出已經放了第二天、失去香味的麵包的香味，大口咬下同時享受酥脆和軟嫩的口感，真是愛上這樣的吃法，有時嚼到嘴角都破皮流血，11認定我是因餓壞了而腦袋出了問題。

離開El Chalten的那天，我獨自一人爬上Los Condores步道。一進入步道，就看到許多學生正在接受管理員的緊急事件訓練，扮演傷患的還在嘴角塗上優碘，看到我拿起相機，不忘開始抽搐搞怪；這段步道，半小時不到即能攻頂，其景色卻絲毫不輸給翻山越嶺才能看得到的美景。El Chalten小鎮盡收眼底，後方的Fitz Roy山脈，疊疊層層，皚皚的山頭像是造物者製作的冰淇淋，幸運如我，不用像《轉山》電影裡的主人翁，脫去上衣獻給神，以換取親睹風采。一朵白雲飄過，狀似飛碟，是否外星人也流連於這大自然的傑作？風不斷吹拂，我找了個石壁坐下，拿起素描本，把這曠世巨作畫下來，一筆一筆刻入心底，眼睛都捨不得眨一下。

一連兩天的健行，恰好都巧遇同一位管理員，每每他都從我們身邊輕鬆地呼嘯而過，身上背著背包、繩索甚至斧頭，如有遇到樹木倒塌等情況可以馬上處理。一群以色列女生站在一個有著Fitz Roy漂亮倒影的小水池旁，我也為了拍到好照片，跟著她們踩上珍貴的地衣植物，一分鐘後，我拍完走回步道時，這位管理員兩手交叉、臉色凝重的看著我，我羞得不得

了……臉紅得像晚霞似地跟他道歉，他只淡淡地點了點頭；但那群女生還繼續在那邊自拍、互拍……完全沒注意到管理員一直盯著她們，管理員實在受不了了，大聲斥責她們，要求她們回到步道上，如同世界各地剛當完兵的以色列年輕人，她們露出有點輕挑、有點不屑的神情，聳聳肩離去，這也難怪阿根廷的國家公園，特別寫了一張以色列文的公告提醒這群年輕人。大家可千萬不要像我一樣貪圖美景，逼得到時候管理員還得貼出中文告示，這樣我就太對不起故鄉的鄉親了。

管理員工作非常繁雜，途中就遇到一支團隊背著裝備，準備修復走道，他們的敬業精神和專業態度，值得所有人學習與敬佩；這群國家公園管理員的付出，讓遠在巴塔哥尼亞 (Patagonia) 高原的 El Chalten，成為世界上最讓人流連忘返的健行登山聖地，在我心中，這是全世界最棒的工作。

五、祕魯
撥動旅人心弦的印加魅力

01 夏天到了～來罐祕魯！

　　從El Calafate再次回到阿根廷首都，因為阿根廷難忘的人事物，讓我們對於接下來的旅程更具信心。李會長是我們在阿根廷遇到的第一個人，在離開當天中午，仍先陪我們赴臺灣駐阿根廷代表處李大使之約，大夥兒在大使家吃了道地的牛肉麵，後來到機場時，李會長又塞給我們他工廠所生產的一大袋米香，為阿根廷豐富之旅終劃下完美句點，因為我們非常珍惜這些台灣零嘴，足足吃了快一個月。

　　飛機抵達祕魯首都利馬已經是晚上七點多，我們叫了輛計程車前往預

定的旅館，比起如同歐洲的智利與阿根廷，祕魯的人種大多是原住民和白人混血的梅斯蒂索人 (Mestizo)，他們眉宇之間帶有亞洲人敦厚氣質，讓人第一眼就喜歡上他們。不過司機一路狂飆，搶快開到了海岸邊的快速道路上，看著一

旁的峭壁，我想起尤薩 (Mario Vargas Llosa) 在《城市與狗》小說中出現的場景，書中主角小時候從鄉下搭夜巴前往利馬，城市的喧囂壓得他喘不過氣；今日我卻因入夜後冷清的利馬街頭，感到一絲絲不安。

我們住進Miraflores區一間網路評價不錯的青年旅館，房內雖有異味，但服務態度非常好，尤其職員推薦的好吃又價位合理的 "Punto Azul" 餐廳，讓我們嘗到了旅程中最棒的海鮮沙拉 (Ceviche) 與海鮮燉飯。下午搭公車到舊城區逛逛。在祕魯，所有大城市幾乎都有個武器廣場 (Plaza de Armas)，公車上除司機外，還有位女收票員，她精神飽滿地跳上跳下攬客，對照剛吃飽而意興闌珊的乘客，格外有趣。到了武器廣場後，一個看起來準備要讀高中的當地學生，一副青春期典型地慘綠少年模樣，他爸媽正在幫他拍照，憂慮的臉，好似一副正要進入小說中惡名昭彰的「萊昂西

奧・普拉多軍事學校 (Colegio Militar Leoncio Prado)」就讀；
這位害羞男孩的夢想是念大學，我衷心祝福他。

我們計劃省略北方的熱帶雨林區，多把時間留在祕魯
的中南部，第一步便是要買車票。在武器廣場周邊商店的價
格大多很硬，我們決定回到旅館周邊碰碰運氣，沒想到真讓
我們遇到一間非常棒的旅行社。本來想要推銷機票的兩位老
闆，在與我們慢慢聊起來之後，他們反倒對臺灣有了興趣，
我們從臺灣帶來的紀念品正合他們的胃口，其中一位老闆在
幫我們訂車票時，另外一位還在google搜尋臺灣，他們七嘴八
舌、手舞足蹈地介紹了他們偏好的祕魯景點，希望我們能玩
得開心，最後連手續費都不收；一位老闆得提前離開去看足
球賽，他遺憾地和我們擁抱道別，雖然我只聽得懂他們說的
五六成，但這種心與心最真誠地交流，讓我至今都記憶猶新。
這是我第一次從中南美洲人的身上，看到臺灣的影子。祕魯，
就如同夏日中的啤酒（台語類似祕魯)一樣沁涼入心。

02 祕魯的加拉巴哥群島

半夜出發的巴士，在半夢半醒中吞下巴士上服務小姐
端來的蘋果和乾掉三明治，在早上十點拉開車上的窗簾，我
們已抵達了帕拉卡斯 (Paracas)，AJ之前就曾經推薦過這個景
點，加上兩位旅行社老闆強力推薦，這裡成為我們離開利馬
的第一站。

　　一冷一暖的洋流在祕魯交會，僅約兩千公里的海岸線，卻讓祕魯之漁獲量佔世界的十分之一，有魚群自然就吸引各式各樣的動物。千百年來，千萬隻鳥選擇海岸邊的帕拉卡斯作為棲息地，和太平洋島國諾魯一樣，為數眾多的鳥為當地留下厚厚的磷肥；西方社會過去為發展工業，無止盡的濫採，造成許多地區的磷礦都衰竭了。2000年前的古文明已消失，僅留下岩石山上巨大的石刻遺址；然而動物的生命力旺盛，在現代工業入侵下，六百萬隻鳥存活下來，祕魯政府前幾年發現這些鳥是吸引觀光客的最醒目招牌，終於開始了一系列的保護措施。

　　前往幾個「鳥島」得搭乘遊船。到碼頭後，我們手忙腳亂地穿上救生衣；導遊半開玩笑地提醒，途中盡量不要張開嘴巴，以防從空中掉下橫禍。船慢慢駛離岸邊，迎面而來的第一座小島，上方有個長達一百公尺，既似燭台也似三叉戟的圖案，或許只有鳥群知道這個圖案的典故。繼續駛向外海，本來僅是數個小點慢慢變大，如同蒼蠅在飛舞的群鳥景象，漸漸清晰，因為即將到達鳥群的基地。密密麻麻的鳥兒，吱吱喳喳的叫聲和日積月累的陳年鳥糞味衝鼻而來，頭巾口罩也無法遮掩這股刺鼻的味道。此時一旁動物的吼聲，似乎抗議自己被忽略了，原來是一群海獅正悠閒地躺在小島下方的礫灘上，而剛剛的叫聲來自群體裡唯一的成年公海獅，身材較苗條的母海獅圍繞在旁，最靠近外圍則是一群如柯基犬般大小、黑皮膚的小海獅們，牠們正用微小又尖銳的叫聲呼喚自己的母親。就在此時，一隻小海獅蹣跚地從岩石上跳進水裡，牠的母親已先到海上等牠，沒想到小海獅一下水，一陣浪打來，小海獅不見了蹤影，急得媽媽在水中上上下下尋找牠的蹤影，幸好可愛的小海獅冒出了頭，海獅媽媽鬆了一口氣，亦步亦趨地跟著心愛的孩子游走了。

正當我們沉醉在這首天倫之樂的樂章時，幾位穿著燕尾服的紳士正盯著我們。拜海洋涼流所賜，這群來自南極的紳士，居然可以在離赤道不遠的祕魯，建立起自己的家園。各式海鳥、海獅、企鵝，在這有如樂園的烏托邦，保留著自己過去數千年來的生活方式。然而人類的慾望是無止盡的，島上開採磷肥的廠房至今仍有部分尚在運作中，這座動物天堂可否延續到永遠，不禁令人擔憂。比起厄瓜多的加拉巴哥群島，帕拉卡斯雖無達爾文的加持，反而能讓遊客只需花費加拉巴哥群島百分之一的價格，同樣享受到近距離觀察動物的樂趣與感動。

大部分遊客參觀完鳥島後，馬上急著趕往下個地點；我們則選擇不一樣的方式——參觀整片帕拉卡斯半島。這裡有座由西班牙贊助甫完成的博物館，裡面的呈現方式十分多元，用模型、圖板、影片等說明了生態多樣性的重要，有個看板解釋了一個從香港出發、載滿浴室黃色小鴨的貨櫃，因一起事故，這些塑膠小鴨子掉到了海上，隨著洋流飄了到世界各處，造成許多動物誤食而死亡以及其他

的生態危機，藉此呼籲人們要盡快擔負起保護地球的責任。

　　中午休息時，我們一行人到半島的小漁村吃飯，祕魯菜看再次帶給我們無比的滿足。不僅我們非常開心，數量不少的鵜鶘就像愛吃糖的孩子們，本來懶洋洋地坐在沙灘上曬太陽，一旦有人拿出魚肉，牠們就像是碰上萬聖節中的糖果店老闆，整群蜂擁而上，因牠們的體型類似中大型成犬，近看時其實頗讓人害怕的，如此巨大的身軀卻在騰空而起時，卻能輕鬆自在地貼著湖面前進，翅翼尾端不經意地劃過水面，輕盈又愜意。

　　這片半島的天然環境極為特別，沙漠環境在白天陽光照射下，地表溫度迅速升高，來自大海的水氣受到涼流影響，其溫度相較之下很低；因物理性的冷空氣往熱的地方流動，所以當我們站在岸邊時，可以清楚看到如棉花般的水汽，正一股腦兒地由西向東往內陸飄來，導遊提到高達四千多公尺高的「的的喀喀湖 (Lago de Titicaca)」，其湖水就是源自這裡，因為這種效應，人體會有一種氣度越高（地表溫度越高）卻會感到更冷（往內陸吹拂之冷風越強）的感覺。因此導遊不斷提醒我們要注意防曬。

　　帕拉卡斯屬於南美著名的阿塔卡馬沙漠 (Atacama Desert) 的一部分，雖然祕魯這一端的地形變化不如智利那端，但其自然生態卻遠比智利豐富得多，但兩國的觀光人數卻是天差地遠，為此，我曾好奇地問經驗老道的導遊對於這一點的看法，他收起笑臉，嚴肅了起來，淡淡地說：「我們祕魯人比較笨，比較不會行銷。」然後他露出個釋懷的微笑說：「但做人老實，或許也沒什麼不好，就是因為這樣，我們才是祕魯人。」他接著分享著自己的故事。導遊其實是帕拉卡斯人，長大到首都求學後，仍對故鄉念念不忘，因而下定決心回到帕拉卡斯，最大的夢想就是幫助自己的國家與同胞，這群擁有知足與感恩之心的人們，就是祕魯最吸引人之處。

03 沙漠綠洲

　　無論是帕拉卡斯或著名的納斯卡 (Nazca)，
都是屬於伊卡省 (Ica)。到納斯卡之前，我們先
到了Huacachina綠洲一遊。此地距離該省首都伊
卡市僅需十分鐘的車程，是許多市區民眾假日
出遊的好地點。近日因為當地人引進刺激的衝沙
(Sandboarding) 和沙丘吉普車 (Dune Buggying) 活
動，讓這裡搖身一變，成為背包客的必遊景點。

　　大約棒球場一半大的天然池子，突兀地出現
在沙丘當中，成就了一處美麗的綠洲，圍著池子建
了一整圈的旅館和餐廳，置身其中，一天中總有許
多時候可以感受到宜人微風，讓人心曠神怡。到
了晚上，這裡馬上變成了Party鬧區，旅館的音樂，
一間比一間開得大聲，對於我們這種品酒卻不善
跳舞的人，實在是有些折騰，還好隔天一早安排
了刺激有趣的活動，一掃前一晚的陰霾。

　　受限於巴士的時間，我和11瘋狂地在上午十
點參加衝沙與沙丘吉普車活動，這個時間點正是
沙漠開始加熱的時刻，整團只有我們兩個人。當
沙丘吉普車載著我們躍上接近45度的陡坡，到了
上面，一望無際的沙丘，一個個從眼前展開，我

好像回到了中東；一旁司機大聲地宣布：「走吧！(¡Vamos！)」才發現自己
還在中南美洲，吉普車突然往前俯衝，循著其他車子的車輪痕跡，就像坐
在雲霄飛車上，忽高忽低，偶爾沙子就像水一般飛濺到身上，有種車子似
乎快要飛起來的錯覺。事後發現僅僅繫上一條安全帶的我們，能夠全身而
退，真是命大！

　　車子再次爬到另一座沙丘的頂端，司機卸下本來裝在吉普車後面的衝
沙板，每塊板子長寬大約為沖浪板的2/3，人趴在板子上，盡量將前臂、大
腿貼緊板子，接著讓自己像毛毛蟲般蠕動前進，當地心引力大過摩擦力的
那一刻，沙漠衝浪體驗就此展開。因為是臉朝向前方，往下俯衝時真是無
比震撼，身體緊貼著熱沙，彷彿自己變成了火箭，義無反顧地衝向下一個
未知的目的地。到達沙丘下方的緩坡，天然形成的曲線幫助我們安全地停
了下來，我和11兩人輪流玩了好幾回的衝沙，直到快被曬成人乾才罷休。

五、祕魯　撥動旅人心弦的印加魅力

04 魔力納斯卡

2006年，臺灣開始了紅衫軍的反政府大遊行，記者提到遊行隊伍將會繞行出納斯卡線路徑，希望能夠喚醒凱達格蘭大道下的神秘力量，其典故出自聖經記載耶和華命約書亞領軍繞行耶利哥城，同時也與南美令人費解的古文明做了結合。如此有創意的政治行銷手法，的確讓人見識到臺灣人跨越時空限制、想出創意口號的能力。

搭機鳥瞰納斯卡線約每人一百美金，我們一早搭車從納斯卡市區前往機場，這裡平均一年會發生兩三次空難，無畏的臺灣、日本、南韓與其他西方遊客仍擠滿了機場大廳。小飛機有大有小，分別可乘載六名、四名與兩名乘客，會搭上哪種型號全憑運氣。等待將近一個半小時後，我們幸運搭上只載兩名乘客的「專機」。機上空間非常狹小，坐下後，膝蓋幾乎快卡到機長的

手肘；沒多久，螺旋槳啪啦啪啦啪啦響了起來，飛機緩緩滑出跑道，迎向天際，我趕緊把背打直、彎著頭貼著機艙頂，就怕膝蓋卡到了機長。越來越寬廣的視野出現在眼前，在地表上一條條幾公里長的直線清晰可見，有些線條還形成如軌道般的路徑，難多許多人猜測這就是讓外星人降落的指示；上飛機前，航空公司發給了我們一張紙，上面秀出整片區域出現較具象的圖形，機長和副機長的

責任就是讓我們從空中一一找出這些圖案,在他們的介紹下,巨型的蜘蛛、猴子、蜥蜴、狗等動物逐一現身,最著名的蜂鳥圖形有大有小好幾隻,不過讓眼睛最為之一亮的,莫過於山壁上的人形圖案,大大的頭和兩顆圓圓的眼睛,簡直和《ET》電影裡出現的造型一模一樣。為了讓我們兩邊都可以看到圖騰,飛機一下子偏左接著偏右,雖然整趟航程才15分鐘,但我們幾乎都已經到了嘔吐的臨界點,結束的那一刻有種如釋重負之感。

地面上的每條線條構圖,其深度近乎1公尺,在堅硬的地表上刻出如此深又精細的圖案,是項極為困難的工藝技術;長久以來,困擾著許多的科學家。德國考古學家瑪麗亞・賴歇 (Maria Reiche),1940年投入這項研究,本來僅是位美國科學家助手的她,1946年開始大量繪製、分析納斯卡線的圖案。她的努力與熱忱讓她發展出獨特理論,解釋這些線條是以星空為依據,按其投射在地面的圖案創作,這些圖騰幫助古人來觀測星象與祭拜上天。為了研

究並保護這些遺跡,賴歇用自己的積蓄與人脈關係,終獲祕魯空軍協助,從空中拍攝。泛美公路的建設,也因為她的奔走,得以在破壞納斯卡線最小的情況下興建,有遠見的她為納斯卡付的奉獻無與倫比,現在市區仍豎立著她張開雙手的雕像。

納斯卡是個小巧迷你的鎮,到了晚上,就像臺灣的夜市。許多攤販把攤子推到了路上;有些雜

貨店搖身一變，門口推出個烤肉架，店裡擺上幾張桌椅，瞬間變裝成為小吃店。我們沿途吃了豬腸、玉米、雞腿麵、烤香蕉、烤雞等食物，還有些熱情的當地民眾，主動請我們吃東西交朋友。在這裡的夢想訪問也相當順利，一位想當律師的小女孩，幫我們遊說同學們對著鏡頭訴說夢想，這些男生們大多想當警察和足球選手，而女生們的夢想比較多元，包含了醫生、科學家、秘書、與護士等，不知是否因賴歇（Maria Reiche, 1903~1998）的啟發，納斯卡的女孩們擁有著不小的偉大夢想，從她們眼中我依稀看見了賴歇的風采。

05 白色之城阿雷基帕

　　清晨抵達這個被三座火山環繞的城市，因海拔達2380公尺，城裡的溫度舒服宜人，在地房屋取材自城市周邊的火山，特殊的白色岩石sillar築成的建築物讓阿雷基帕有個「白色之城(la ciudad blanca)」的美麗暱稱；雖為祕魯第二大城，這裡卻沒有利馬的凌亂、擁擠感與身體上因流汗而產生的粘膩感，城市也是有美好的一面。

　　大部分臺灣人都將這裡當作申請南美其他國家簽證的跳板，常常因匆忙而錯過這裡的美好，實屬可惜。城市以武器廣場為中心，華麗的牛奶色建築物從教堂、迴廊到整區的古宅，設計式樣散發出十足的殖民風味，街上的小販和行人卻透出一絲印加文化的氣味，入夜之後的燈光，讓這裡再次換上新的面貌。城市中的小城 “Convento de Santa Catalina” 過去是個貴族修女的烏托邦，因為路上吸睛的事物太多，讓我們不停下來駐足，因而錯過進去拜訪的機會。小城圍牆上，一隻不停吠叫的狗，似乎在呼喊著什麼。幾間賣駱馬毛製品的商店，架上擺著的駱馬玩偶，對著經過門口的人笑著，轉個彎，看見小丑正表演著，整座城市的生動趣味，讓人陶醉其中。

　　如果要說整體食物CP值最高的拉美城市，阿雷基帕絕對榜上有名。一種用當地藥草熬製的飲料，帶著如果凍般的微酸口感，讓我站在餐車旁一杯接一杯；聽說這種飲料，能預防高山

症。在武器廣場西南方的路上，我們發現一家非常好吃又便宜的餐廳，每到用餐時間，總往那兒鑽。我們先觀察鄰桌客人的食物，然後用肢體語言和店員溝通點餐，一樣能吃到各式家常又美味的祕魯菜餚。路上常見原住民販賣著仙人掌果實，酸甜的口感中有股清香；老闆天生的親切與好客，讓遊客一整天心情愉快，邊吃邊喝，不愛這城市也難。

06 挑戰，世界上最深的山谷

在阿雷基帕養足了精神，11和我兵分兩路一探可卡山谷 (Valle de Colca)。她選擇搭巴士；我則準備以雙腳挑戰這個比美國大峽谷兩倍深的山谷。

清晨四點，我獨自一人摸黑出發；天亮後車子已越過四千多公尺的山，抵達山谷的中心城市Chivay；吃完早餐，車子繼續駛往登山點。沿途風光綺麗，從壯闊的哇卡哇卡山 (Wallqa Wallqa) 開始，一路上雪白的積雪宛如一頂頂戴在高山上的帽子。地勢較平緩之處，生活在那裡已千百年的當地原住民，延續老祖宗的智慧，將其開墾為梯田；而山勢變化極大之處，入秋後妝點上或橘或黃的自然色調，上帝果真是世界最有才華的藝術家。

可卡山谷也是南美禿鷹 (Condor) 的棲息地，近年在觀光客大舉入侵之下，禿鷹居住地越來越往山谷內陸遷徙。這種禿鷹是全世界展翼之後身形最巨大的鳥類，當牠們在山谷中飛翔時，那股自信與優越感，讓印加人將其與蛇、豹選為三聖獸。如今印加王國已不復存在，南美禿鷹仍與當地的Tapay原住民族一樣，抵抗著這漸趨一元化的世界。

　　我們這團由導遊與我、三個德國人、兩個芬蘭人、兩個荷蘭人與三個西班牙人組合而成，他們每個人看起來都像登山界的「練家子」。我自然地背負著「不要成為東亞病夫的重擔」的壓力。祕魯女導遊指著對面被雲遮住，若隱若現的村莊，本來以為是今晚的過夜之處，沒想到那裡才是中途而已，大家聽了都噤聲不語，只想隨著一旁的驢子隊伍趕緊前行。走在這些馱獸旁要非常小心，如從牠們身邊經過時，一定要往山壁靠，不然很可能一不小心就被撞下山崖。驢子身上所馱著的重物，是山中部落的唯一資源來源，這也使得部落裡的商品價錢居高不下。聽導遊說，再過兩三年，直通山谷的公路就要開通，先不論環境將會因工程或大舉入侵的觀光客所如何被破壞，我擔心的是這些仰賴運送貨物賺取蠅頭小利的人們，將在經濟開發的大前提上，被經濟自由主義給淹沒。

　　我們一路往山下走，太陽反倒越攀越高，山谷間因陽光照耀而出現變化萬千的色彩，雖無美國黃石公園過度曝光的豔麗和臺灣太魯閣的急狹陡峭，這裡多了幾分內斂的美感，正和祕魯人的形象相符。一聲鳥類叫聲劃過天際，循聲抬頭望去，一隻禿鷹出現了，牠展翅在山谷裡翱翔，好似乎也在享受這迷人山景。幾面崩落的山壁，我憶起了芬蘭西貝流士 (Sibelius) 紀念公園中的藝術品；他的作品在20世紀初凝聚了芬蘭人的國家意識。望著這些山壁，想像那部悲壯的樂章，似乎也替祕魯原住民過去的苦難做了注解。

　　看著導遊雙膝都綁著護膝，與她聊起這份辛苦的工作，她帶的團大多是兩天一夜的團，每團結束後，可以有一天休息。在遊客較多的季節，有時就必須連續出團，幾年下來她的膝蓋已開始出現異狀；但為了貼補家計，只得咬著牙繼續。她抱著希望地談到，自己應該再帶個三年團後，就

可以回到市區找份小工作，然後成家、立業，過一個穩定的生活。年輕時為未來奔波，似乎是開發中國家年輕人常見現象。

在這趟辛苦的登山過程裡，一行人開始培養出革命情感。中午吃飯時，大夥兒談到接下來的旅程，凡去過玻利維亞的人都熱情推薦著這個國家，我嘆了口氣，與大家分享臺灣因政治，非常困難取得玻國簽證一事。歐洲人順勢開始數落美中等大國，可是當他們發現自己的國家，過往也曾在政治現實的考量下而屏棄了與臺灣的友誼時，大家都靜默下來，我轉而鼓勵大家還是把煩惱放一邊，一同把握當下吧！

花了整個上午的時間，我們才下到谷底，下午的挑戰變成一路上上下下的縱走路線，導遊描述著如同綠洲般美好的旅館，希望能讓我們多點動力向前邁進。途中經過了幾個小巧但人口幾近流失殆盡的村落，城市的興起，不知已經邊緣化了多少可愛的小鎮啊！當地人廣種仙人掌，因其葉背會吸引一種約莫水滴大的灰色昆蟲寄生。導遊抓了一隻在手上，兩隻指頭一掐，鮮紅色的體液流了出來，這便是法國化妝品公司拿來做顏料的主要來源。然而在山壁上採收的辛苦農民的收入，比起昂貴的化妝品價格，不過是九牛一毛。我想起臺灣號稱白領階級的代工產業，與歐美原廠相比，又何嘗不也是如此呢？一隻狗從小村莊就跟著我們，一路走了快兩公里，到了一個山崖前，牠停了下來，望向河谷，開始長鳴，那淒厲的聲音，迴盪在峽谷間，更顯哀戚，牠在懷念主人嗎？或著牠也在難過景物依舊，卻人事已非的情況呢？

在連續之字路的碎石下坡後，大家的膝蓋早已疼痛不已，直到看到了遠處的綠洲，僅剩的一絲元氣支撐我們向前；這時走在最前頭的芬蘭人突然轉頭大喊「小心！豬來了！」大家還想弄清楚他的弦外之音時，一隻不知從哪裡來的大豬，像是輛125cc機車直衝向我們，幸好沒有人被撞到，大家莫不被這滑稽畫面逗

五、祕魯 撥動旅人心弦的印加魅力

得哈哈大笑；我的腦海中則浮現出《神隱少女》裡被懲罰的貪吃人類之下場，暗暗告誡自己，晚餐時不要太貪心。

為了西方人而建的綠洲旅館，游泳池當然是必備品。太陽西下，氣溫驟降，這群歐洲人仍義無反顧地往冰冷的水裡跳，一群人玩得好不開心，這時發現自己還帶著傳統的東亞人個性；當晚大家聚在只有燭光的餐桌前，吃著簡單卻不失美味的晚餐（可能是我早已飢腸轆轆了），共患難的我們也打開了話匣子，討論中所使用的語言竟是西語，全團中我的西文能力僅比兩個荷蘭人好。在只有一盞燭光的如夢似幻對話後，一伙人摸黑回房，準備明早的挑戰。

為減少日正當中登山的辛勞，我們必須趕在天未亮就出發。今天的目標是要向上攀登1200公尺，驢子先生也得上工，準備馱著兩個尚未從昨日的體力消耗中恢復的西班牙女生。步道的狀況不太好，常常一沒走穩，就會差點滑倒，不過路線還算單純。我和兩個芬蘭人與一個德國人成了先遣部隊，一馬當先往山上爬。陽光漸漸從山背淡淡透出，襯托出高山之巍峨；越爬越高，遠處雪山山頂反射，漾出暖暖的日光，綺麗的景色稍稍分散了疲憊的感覺。爬了一個小時後，我的膝蓋已從隱隱的刺痛變成全面性的疼痛，大腿肌肉也一呼應著疼痛，多希望有直達電梯可以搭乘，或者道路救援也可以。然而德國人仍像機器人一樣，幾乎沒有停歇，將我們三人拋在後頭，兩個芬蘭人和我開始彼此鼓勵，當我意志力幾乎撐不下去時，芬蘭人拿出了一包軟糖給我，含在嘴裡，那股甜甜的滋味，喚起小時候吃乖乖桶的興奮感覺，血糖上升後，我終於在一個半小時後抵達山頂。

　　眼前的美景讓人捨不得眨一下眼。在大家陸續抵達後，飢餓感戰勝了一切，一行人早已幻想著可口的早餐，我們實在太餓了，一上桌的麵包、餅乾幾乎被秒殺。一坐上回程巴士，大家立即進入夢鄉。回到Chivay後，大夥去泡了當地的溫泉，這裡的溫泉場域是一個個的游泳池，水質類似臺灣的碳酸泉。芬蘭人

看到我的太魯閣馬拉松紀念浴巾，馬上興奮地表示說，他也一直好想參加這個活動，還興沖沖地和其他人解釋這個峽谷馬拉松之特別與秀麗景色，其實臺灣還蠻有名的嘛！

07 的的喀喀湖，這裡不是主題樂園

從阿雷基帕往安地斯高山群前進，這裡有個全世界最高的可航行湖——的的喀喀湖，因這兒是祕魯與玻利維亞的國界，又距離南美觀光首都庫斯科 (Cuzco) 不遠，許多遊客都以湖畔城市普諾 (Puno) 作為中繼站。普諾海拔高達4200公尺，來到這裡，本來走路極快的我都必須放慢下來，我們也乖乖地按時服用從臺灣旅遊門診拿到的高山症藥物，還狂喝旅館提供的古柯葉茶。曾在玉山上得過高山症的11，幸好也漸漸適應這裡的高度。

到達普諾的當天，我在巴士站看到一對情侶有些面熟，女生提著臺灣人愛揹的Longchamp包，11外套上的國旗吸引了他倆的目光，原來他們正是我另一持續關注的部落客作者怡安和秉琪。他們的旅程是一路往南走，正好與我們相反。又再次與臺灣人巧妙相會！我們趁著晚餐時間，交換對方即將前往地方的心得和注意事項。在廣闊的南美土地上能有機會碰面，只能說彼此太有緣了。

隔天一早，11和我參加了兩天一夜的湖中小島之旅。船行駛在平靜的湖面上，雲朵緊緊地貼著湖面，感覺就好像正航行在天際間。原本是一支支的蘆葦，慢慢地變成一叢叢。我們抵達了第一站的蘆葦島；島上坐的、睡的、用的、船甚至整個島，果真都是由蘆葦做成。這群原住民的祖先當年為了躲避印加的暴政，以蘆葦編織了小島，用長長的繩索在水底綁著，

數百年來，就這樣飄在湖上。今日他們的生活則部仰賴觀光。婦女們的手沒停過，她們正用來自德國的棉線，做成一塊塊美麗的布當作商品。連他們的房間都如同博物館，讓遊客隨意進入；敦厚的原住民主人沒有強迫我們買東西，那到底他們收入從哪裡來？我後來多方詢問後得知，來自城裡的商人非常聰明，他們說服了當地人以不收門票的方式，僅以搭蘆葦船體驗和賣手工藝品的形式來賺錢，觀光業者完全不花一毛錢就有免費的勞工把一切事情做好。一個剛會走路的孩子，穿著傳統服裝，正熟練地在島上某塊滲水的區域鋪著蘆葦；我與他投緣，便做了個風車給他，他開心地拿著風車跑來跑去，但一聽到客人即將離開，便和其他孩子丟下手邊的事，跑到客船旁，一邊拍手一邊用西班牙文唱著幾首歐美童謠，這樣的情景讓人心痛。他的風車送給還在媽媽襁褓中的弟弟，因製作新風車的材料不夠，我們和他以編織的線、宣傳單、蘆葦梗做了個克難風車，沒想到還真能轉。這個孩子天真無邪的笑聲，至今仍鮮明地留在我的腦海裡。

下午我們抵達阿瑪塔尼 (Amantani) 島，今晚要在這過夜。一群身著墨綠色裙子、鮮豔編織的襯衣，頭上披著一塊全黑的頭巾的婦人們，已經等我們很久了；她們黑色頭巾的角落，各自繡著獨一無二的花紋，低調的裝扮，乃因過去印加人會在各地抓美女獻給國王，黑色頭巾可以讓人比較不被注意到；然而愛漂亮是女生的天性，這些圖案，成為她們展現自我風格的機會，這個服飾傳統也就留了下來。船上遊客被分成幾組，跟著這些靦腆的婦女回家，我們和兩個阿根廷人由一個二八年華的女孩領著，當時非觀光旺季，有些婦女得獨自回家。誰家會被分配到遊客竟是由旅行社決定，又再次見證這群處於經濟與文化弱勢的安地斯人，總是逆來順受地接受這一切，真為他們打抱不平。

島上的農田與新鮮卻稀薄的空氣，讓我憶起在尼泊爾的旅行，兩國人民都是那麼真誠與討人喜歡，這是高山上與大自然共處人們的天性。島上所有房間的門為了防寒，做得十分狹小，可是裡頭卻別有洞天，經過手工織品的裝飾，看起來十分別緻舒適。我們吃了由女孩母親準備的份量不多的午餐後，女孩從外頭拿進一把草，插進桌上的水瓶，她摘了些葉子放在杯子裡，澆上了熱水，於是大家都有了令人舒緩的香草茶，屬於高山中南美的味道寫入了記憶中。

　　休息完我們將要去攀登挑戰島上的兩座高山——父親山 (Pachatata) 與母親山 (Pachamama)。一小段的路途已經讓大夥上氣不接下氣，實在佩服路旁的一群年輕人竟然還能打排球。再往山頭走去，兩旁有些民眾在收成完後，正準備背著數十公斤馬鈴薯等作物下山，個頭很小的他們，每個人卻似乎比驢子還強壯，我向位老先生借袋子試試，卻狼狽地連站都站不起來。山頂雖保留著一些石頭遺址，但整段登山步道，甚至連拱形門等，看得出都是現代人用水泥重建的；還好鄰近小島的原始與遠方雪山無比的秀麗與壯闊，讓人忘了一旁匠氣的痕跡。在太陽即將沒入湖面之際，我們踏上了歸途，這時我突然心血來潮，加入了打排球的行列。這群混齡的男女學生，看著我追

球如同跑百米般辛苦，都開懷大笑，好不開心。晚餐後外頭開始飄起了毛毛雨，我和同團的阿根廷人，穿上當地男性的傳統服裝，準備參加一場晚上的Party。黑暗中，跟著民宿女孩摸黑往前走。音樂聲從一間大倉庫傳了出來，昏暗的燈光下，看到觀光客和當地人正要開始跳舞，便立即加入他們的行列。在傳統樂隊伴奏下，一開始大家手拉手圍成大圈跳著群舞，跑來跑去地，充滿歡樂的氣氛。第二首是較為緩慢的歌，當地老老少少的女性，主動拉起觀光客的手，走到房間中間踢著腿，手用力揮舞著。一位婦人同樣地拉著我，但她臉上沒有一絲笑意，僅有機械式應付般的動作，她冰冷的手沒有絲毫暖意，我突然了解到，她們正在「加班」。第三首歌一下，觀光客開心的笑聲對我來說，瞬間變成無比的刺耳，我跟阿根廷人表示對於這情景我已無法忍受，他點頭表示同意，於是我們前去和民宿女孩道歉，女孩慌張、不解地領著我們返回她家，我自責自己讓她失望，但更難過身處在這不公平的世界中自己的無能為力。

翌日早晨，每人有兩片塗著果醬的薄薄鬆餅，配上一杯即溶咖啡，喚起了骨子裡趨向現代生活的癮；和我去參加舞會的阿根廷人，對於連續好幾餐只有香草茶可喝最不適應，我們其他三

人決定把他的咖啡粉藏起來；等他一來到位子，發現又只有香草茶時，臉垮了一半，認命地開始拔香草葉，等到看到咖啡粉出現時，露出如釋重負的滑稽表情，我們還真離不開世俗生活呀！離去前，我們與女孩握手和擁抱，以膚淺的小費作為對他們真心的感謝，我們四人即將前往塔奇列島 (Taquile)，女孩則將繼續在這小島上生活下去。

這裡不是主題樂園，當地人毫無選擇地將自己的生活完完全全攤在觀光客面前，這是最讓人不捨的一點。就在我們常常抱怨工作和生活不順暢的同時，有一群人不但沒有固定下班的時間，最悲慘的是，他們似乎沒有選擇或改變的機會。

08 湖上小小的夢想

第二天的遊湖行程在塔奇列島展開，這裡的發展程度高於阿瑪塔尼島，自然風情也有些走味。到了島上的大廣場，幾間尚稱樸實的手工藝品店環繞四周，原住民女孩兜售著編織的手鍊。我們認識了一個來自巴塞隆納的女生，她一邊向我們表達對當地過度觀光導向的不滿，一邊用手幫一個當地小女生梳著頭髮。這位才六歲的小女孩長大後想要當作家，一旁十歲的姊姊卻面無表情，無論我們怎麼逗她、想和她做朋友，她仍木然地繼續要我們買手鍊，赤子之心似乎已經被現實給壓碎了。

當天豔陽高照，我們的午餐在一個美麗的三樓露天平台進行，當天的主菜是新鮮又好吃的湖魚。後來我得知因為島上物資缺乏，所以當地人幾乎不吃肉，一年中也只吃幾次魚，這種樂天知命的本性，讓我有股衝動好想要留下來，和他們一起為文化的保存而奮鬥。遺憾自己正是享受資本主

義成果的一員，正在不知不覺中
一同摧毀這烏托邦。

　　飯後我們漫步在安靜又祥
和的步道上，一旁正在田裡工作
的人們，聽到我們路過的聲音，
也挺直了腰桿好奇地看著我們，
就像《龍貓》的場景那樣的不真
實，我多希望自己不是個帶著銅
臭味的遊客，而是關心並能幫助
他們的最真誠的朋友。

　　回程的船上，我們坐在船艙
外面享受美好和煦的陽光，心中
卻是百感交集，這兩天碰到太多
令人難忘的人事物。船上一個擁
有燦爛笑容的原住民小女孩，讓
人把這些煩人瑣事拋諸腦後。她
和母親正準備前往普諾，接著轉
車前往利馬與小女孩的父親碰
面。小女孩分享自己想當英文老
師與廚師的夢想，媽媽摸著她的
頭，眼神裡透露出無比的慈愛。
身手不凡的媽媽，在通過蘆葦叢

時，以秋風掃落葉之姿順手拔起了幾株蘆葦，女孩馬上拿來和我們分享，我們也送她一個風車，迎著風，她微微閉上眼睛，和風車一同在微風的吹拂時笑著，那滿足的神情真令人感動與滿足，下船前，女孩把風車交給母親，媽媽把風車一起收入包著兩人全部的家當的一塊布裡頭，在她們手拉手準備離開時，她不忘轉頭用力地揮手向我們道別，臉上那天真的笑容珍貴又無價。

09 復活節來了

中南美洲應該是世界上天主教比例最高的區域，復活節之於祕魯，就像中秋節對華人一樣重要，在西班牙語世界，復活節被稱作「聖週 (Semana Santa)」，顧名思義，在這神聖的一週內，會有數不清的熱鬧慶祝活動。

回到普諾的這天，恰好是假期第一天，即使天氣陰雨不斷，完全澆不熄民眾的熱情，在大教堂前許多攤販正販賣著由草編織成的手作祈福物，就像是臺灣道教廟宇前，一些老太太販售的小物；虔誠的人們，用這心意

對神明或上帝獻上敬意。教堂一隅的小廳堂內，民眾忙碌地點著一根根蠟燭，房間內的二氧化碳濃度極高，一進去頭就昏沉沉的，每道火焰都像是有生命般，為了避免巴西電影《中央車站》裡女主角為了尋找小男孩，而在廳堂內暈倒的慘況，我趕緊轉身在人群中尋找11的身影。

　　轉搭深夜特急前往庫斯科，這裡的慶祝活動是祕魯最盛大的，到處都可以見到相關海報和告示，人們甚至把路邊的十字架包上精緻的綢緞，看得出當地人對於這件事的重視。市集裡出現很多家販售糕餅食物的攤販，從餅乾到蛋糕、形狀從方到圓、口感從硬到軟、口味從甜到原味應有盡有，全都是這個節日才有的限定商品。

庫斯科的慶典重頭戲，是把刻得栩栩如生的耶穌木雕像，在經過一連串禱告祈福儀式後，從庫斯科大教堂內請出，由幾個身著西裝的地方重要人士扛著環繞庫斯科市區一圈。那天我們在市區閒晃時，11靈光一閃提議進去武器廣場的旁大教堂內看看。碰巧遇到最後一批朝聖的人潮，有幸一同進到教堂內部躬逢其盛。在主教的誦經聲與樂隊的演奏後，看起來十分沉重的耶穌像慢慢地被人們移往大門，中間幾度耶穌像卡到了教堂屋頂的檯燈，在場的人無不捏了把冷汗，一旁的民眾準備了某種紅色的花瓣，在耶穌經過人群時，如同婚禮中的花童，奮力地把紅花撒向雕像，三個人將自己綁在大門口旁的高台上，在耶穌通過大門時，盡情地撒著花瓣，其中一位老伯還感動地掉淚，緊跟在抬轎隊伍後方的人們，忙著撿拾地板上曾碰到耶穌像的花瓣。

抬著雕像的隊伍離開教堂後，才是挑戰的開始，外頭的觀光客、朝聖民眾們早已將道路擠得水泄不通，警方與軍方只得用人牆圍起封鎖線，以防熱情民眾影響遊行隊伍的前進。扛著耶穌雕像的隊伍，清一色看起來都是著西裝的有錢人，整個熱鬧場面不輸大甲的媽祖出巡，信徒們同樣虔誠與熱情，

五、祕魯　撥動旅人心弦的印加魅力

其政商名流也搶著扛轎。內行人早已搶下武器廣場旁餐廳或旅館的窗台位置，他們趁耶穌雕像經過時，不費吹灰之力，就能把祈福的花瓣撒到耶穌身上以得到祝福，記者們也捕捉到視角最棒的照片。

復活節慶典在祕魯各地同步展開，許多小鎮也扛出小教堂內的耶穌或聖母瑪麗亞神像在街上遊行，搭巴士時如果遇到這樣子的隊伍，只能乖乖地等待，就像在黃石公園等待同樣珍貴的巨型野生嬌客們離開馬路為止。拜慶祝活動所賜，庫斯科變成了不夜城，即使陰雨綿綿，人潮和小販照樣出現在路邊，烤肉、烤馬鈴薯攤子受到大家的歡迎，雖我們早淋成了落湯雞，在路邊發抖，但和當地人站在路邊喝著杯發音近似「光泉」的熱杏仁茶，宗教的力量溫暖了我的心。

10 隨處都驚喜・庫斯科

　　庫斯科是印加王國的首都，在西班牙人入
侵與破壞下，過去的建築，在市區內幾乎都已
不復存在；幸好印加人精湛的工藝技術，仍被
殖民者當作改建後建築物的耐震基底，巨型的
石頭數百年來仍歷久不衰，其中一個石頭竟多
達12邊形，可以想見當時工匠的切割技術是有
多麼進步與精準。

　　沿途我不斷找機會仆街照相，在一條狹
窄的庫斯科小路上，我再次請11為我拍照，就
在我準備爬起來時，一對可愛的姊弟正站在他
們學校的側門好奇地盯著我，我馬上招手邀他
們過來，弟弟害羞地直搖頭，大概才小學一年
級的姊姊走了過來，我趕忙以肢體動作解釋給
她看何謂「仆街」，接著真的就跟著我趴在地
上，三秒後她爬起來跑回弟弟身旁，轉頭與我
揮揮手，一溜煙跑進學校裡。

　　在庫斯科逛傳統市場也是一種享受，由武
器廣場西側的小路走約五分鐘，有一個非常大
的市集，從早餐、熱食、起司、果汁、衣服到
生活雜貨等應有盡有，每種類型至少都有兩排

共40家攤販，讓人眼花撩亂，不知要選哪家才好。我們在庫斯科這幾天，天天都來這裡報到，四十元台幣兩杯的新鮮果汁、一碗六十元的超大雞腿麵、只要二十元的復活節麵包，每一樣都是品質與美味兼具。出市集後往西南方走，這裡有很多間小餐廳、超市與成衣批發商店，還有零星的攤販，販賣疊成金字塔的宰殺處理待售的雞，當陽光照在雞爪上時，竟有股生機盎然、花團錦簇的感覺。

在庫斯科周邊的小鎮，許多是以印加人的水利設施或遺址聞名，而真正吸引我的地方，是一個位於庫斯科東邊，車程約四十分鐘的小村莊，因為這裡的道路兩旁有天竺鼠 (Cuy) 餐廳。在臺灣，毛茸茸的天竺鼠是人見人愛的寵物，但在這裡牠們就和雞豬牛一樣是食物。抵達這裡的時間尚未到午餐時間，我們索性爬上村莊晃晃，發現許多民宅的屋頂上，都有形式各異、以兩匹牛為底座、配上十字架的避邪物，每戶人家發揮巧思來裝飾。登高後一眼望去，安第斯山脈橫亙眼前，這平凡的美，讓我想起臺灣中部的大雪山。

五、祕魯　撥動旅人心弦的印加魅力

吃飯時間到了，必須承認我是有些害怕的，生肖屬鼠的我和11，再怎麼說似乎也不該殘害自己的同類。我們選了一家老板娘看起來很和善的餐廳，老板娘先帶我們到後面看看天竺鼠們，牠們躲在儲藏室的小角落，當人一靠近時，一陣暴動配上嘰嘰的叫聲，天竺鼠們開始逃跑，其中一隻被老闆娘逮到，在我們手上時牠仍不停地動來動去。每隻天竺鼠的準備工作繁雜，要先川燙、去毛、拔皮、用橄欖醃等；故今天要賣的天竺鼠，昨天就已先處理過了。老闆娘熟練地將爐子中的天竺鼠裝盤送來，看到牠嘴巴開開、已經烤焦的頭，我早已沒有食慾了；這時11才臉色蒼白地表示，因為她

有好朋友養天竺鼠，她早已打定主意不吃了，看來只有我要來當冒險王。老闆娘看到我面有難色，她馬上手法利落地把頭去除，然後放進口裡喀喀喀地咬了起來，露出一副我錯過了珍饈的表情；輪到我了，我硬著頭皮切開吃下第一口，非常濃的橄欖味蓋掉本來我擔心的腥羶味，不過也因為橄欖味太重，吃起來就像在吃骨瘦如柴的雞肉配上橄欖，不能算是好吃。總不能讓一旁的11餓肚子，我再

次詢問老闆娘是否有「不是天竺鼠」的料理，她點點頭說有道牛X麵，我不懂裝懂點了這道料理，不一會兒功夫，一整具對半切的水煮「牛舌」搭配著清湯麵上桌了，上面的舌苔尚未去除，我想如果直接開始吃起來，應該像在跟牛喇舌，11再次堅持不吃這菜，怕浪費的我費了好大的勁才把牛舌表皮去除，吃下那剩下一點點的肉末。

11 迎向馬丘比丘！

十歲時，第一次在書上看到馬丘比丘的圖片時，那雲霧飄渺、神秘魔幻的城牆遺跡與山脈，偶爾會在午夜夢迴時，出現在我的腦海裡，三毛拜訪馬丘比丘之後，將這裡描寫地既靈異又刺激，我和11在三十年後同樣的雨季，跟著台灣最傳奇女作家的步伐，踏上這令人永生難忘的旅程。

三十年前，來訪馬丘比丘可選擇縱走著名的印加古道或是搭火車，今日火車的安全性提高，豪華的車廂成為祕魯的金雞母；太過熱門的古道，現在只留給提早半年就下訂的早鳥們；距馬丘比丘山下的熱水鎮 (Agua Caliente) 約兩小時腳程的水力發電廠工地，則可從這兒可搭乘迷你巴士回到庫斯科。我們和其他背包客們為了

省下大半的火車錢，選擇了先從庫斯科搭共乘計程車到約莫中途的奧城 (Ollantaytambo)，再從這兒搭火車進熱水鎮，這樣可省下一半的火車錢，回程則經水力發電廠工地回到庫斯科。

奧城也有個和馬丘比丘相似的印加遺址，從小鎮邊緣一條小路，有座橋可跨過河到達奧城古道，沿途一路緩緩向上，經過幾座幾近被踏平的遺址，同時可以俯瞰整片奧城農田、城堡的遺跡，景色令人難忘。走了半小時後，11決定先在路旁休息，由我獨自一人繼續沿著古道走去。經過一個拐彎，城鎮已經出了可視範圍，只剩遠方如同《魔戒》當中的末日火山陪著我，看起來人跡罕至的路徑上，我攀過幾棵倒下的巨樹繼續向前，小路上還有許多的岔路，有時選擇錯誤走了幾分鐘後，轉頭才發現正確的道路已經在下方數十公尺遠，只得趕緊再次修正。高山的雲霧從遠方飄了過來，雨水順勢滴滴答答地落下來，視線漸漸模糊的我決定回頭，這時卻發現怎麼路徑不太一樣，正當我這麼想時，我意識到自己站在一堆印加遺跡的石塊中，一群野馬在不遠處看著我，幾世紀前的印加勇士傳說躍上心頭，在低溫下我開始打哆嗦，三步併兩步地往回半跑半走，直到看見正在一塊大石頭下躲雨的11向我揮揮手時，確認自己再次回到了熟悉的世界。

從奧城離開的火車是晚上六點半,先到我最愛的傳統市集晃晃,一陣香味從賣炸薯條與雞肉麵的攤子飄來,這時我們想起了自己的飢餓,便向熱情的原住民婦人買了兩份好吃的料理;夜幕逐漸低垂,月台上的藍色火車進站了,金色的字體寫著 "Machupicchu" ,馬丘比丘,我終於來見妳了。

12 終於等到你!馬丘比丘

抵達了熱水鎮後,找了間狀況還可以的旅館,一看時間已經將近九點,我們走在熱水鎮的街上,細雨輕輕落下,一旁的河水湍急怒吼,卻只聞其聲不見其影。有一家門口幽暗的電影院,門前佇立著一位有些落魄的父親,他兩個兒子正在向我們揮手,要我們進去看電影,這一幕好熟悉……當時三毛在下雨的庫斯科等著往馬丘比丘的火車時,不也曾在巷子裡的表演廳看場神秘的音樂會?!就當我準備走進去時,才想起得失問今天播映哪部電影,老闆表示今晚的電影選擇僅有《受難記》與《賓漢》,我猜我們不太可能會有三毛當時的感動,只好趕緊謝過,狼狽離開了。

隔天一早,天還未明我們就已聽到街上的人聲,大家都要趕去搭巴士上山,到了山上馬丘比丘的門口已經快六點了,園區大門正準備打開,我們興奮的心情打敗了瞌睡蟲,跟著人群雀躍地往園區裡面走去,一分鐘後,剛從

黑暗中甦醒的馬丘比丘就在我們眼前，所有人抓起相機不停地按下快門，抓住這尚未被雲霧包圍的美麗山谷。我從小到大的夢想，終於實現了。

攀著每階都是一般階梯兩倍高的石砌樓梯，我們來到了園區的最高點，貪婪的把整個馬丘比丘的美景盡收眼底。下方的觀光客，這時也像一

隻隻的螞蟻侵略了眼前神聖的畫面。從這裡可以清楚看見園區所有石頭堆砌的非常平整，草地有割草機剛推過的痕跡，而我們所站的位子，是一個再人工不過的茅草屋，我赫然發現自己正站在這印加主題樂園中，傳說與想像已成為過去式。

　　一看手錶，是拜訪這貌似印第安人鼻子的華納比丘 (Huayna Picchu) 的時候了。在當地語言裡，華納比丘是「新山峰」，對比於馬丘比丘的「舊山峰」，古代印加人修築了一條小路通往華納比丘的山頂，在山頂上還建了月亮神廟。要攀登這條陡峭的小路難度極高，再加上這裡常年被雲霧包圍，地面溼滑，考驗著早已汗溼的人們；最後準備攻頂前，幾近垂直的印加古樓梯，部分還得靠繩子幫忙才得已順利爬上。頂上的空間雖狹小，但大家仍不約而同地開始野餐，享受這征服的喜悅與鬼斧神工的美景。此時雲霧從山腳下慢慢地飄了上來，本來可以一覽無遺的馬丘比丘遺址，這時卻再次蒙上那千百年來的面紗。我和11聽從旅館老闆娘的建議，選擇往華納比丘的後頭繞，她說的意思似乎僅是多了一些些距離；事實上這條路是個向下圓弧形的大U，先一路往下至少垂直高度五百公尺，再一個勁兒地轉個彎往上，最低處是出名的月亮神廟，因大部份人跳過這趟旅程，渺無人煙

的古蹟，讓我們安靜地穿梭在這山後的遺址，神遊當時印加人的時空，找回一絲傳奇的感動。

　　回到馬丘比丘後，我們很努力尋找，終於找到一處比較少人的角落，我開始在變化多端的雲霧間素描；畫著畫著一陣雨催促著我，遠處一群辛苦的日本老人撐著雨傘這時才蹣跚地走進園區，竊喜我們已經幸運地看到了自然美景。我們為了省錢，決定靠著微微顫抖的膝蓋走下山，回到熱水鎮。進入鎮裡，我們的雙腳早已不聽使喚，這時又換五臟廟提出抗議，我們按照網友的推薦，避開觀光客的路線，再次走進了傳統市場樓上的當地人用餐區，一間間可愛乾淨的小攤位林立其中，後面站著笑容滿面的婆婆們，果汁、肉排、濃湯一一上桌，在當地人的熱情招呼下，元氣漸漸恢復。

13 祕魯的離別贈品

　　隔天一早，我們和與11變成好朋友的老闆娘小女兒道別，她的夢想是要當個護士，想起她媽媽做生意剽悍的樣子，我想她成為女老闆的機率或許大些。再次搭上火車，我們前往水力發電廠工地轉搭小巴士。本來說好的巴士，臨時在現場招攬了其他遊客，硬把我們塞到別台車上，狹窄的空間讓我的腳早已麻到失去知覺。整趟路程的前半都是碎石子路，巴士開在僅為工程車開設的路上，一路上顛簸不斷，旁邊是條在雨季暴漲的河水，大地的怒吼充斥著耳際。時間一分一秒地過去，下午出發的我們，也在車上迎接夜晚的到來，這時我們恰好翻越前兩天看到的末日火山，皚皚白雪在些許的月光下散發出詭異的銀白色，11和車上所有乘客都在沉睡，我獨享了這神秘的一刻，八小時後，我們終於順利回到庫斯科的大廣場。11這時急著要上廁所，我和她在巴士快要停妥前就跳下車，沒想到車子後面緊

跟著復活節的遊行人潮，巴士就這樣開走了，而11的行李還在車上。

　　我們第一個想法覺得應該不是被搶了，但情況十分緊急，因為隔天中午我們就要搭機離開庫斯科了，勢必得在這之前拿回行李。看看手錶，已經晚上十點了，廣場上的遊行人潮差不多散去，我們跑回買車票的旅行社，他們早已關門；情急之下，11拉著我去找觀光

警察，一位看起來很幹練的女警，再帶我們回到旅行社門口，將上面的電話號碼用她的手機記下後，帶我們回到外面的公用電話，示意要我們投錢讓她打電話，她果真聯絡上猶太裔的旅行社老闆娘，老闆娘要我們隔天一早再回來這裡，只是聽得出來她對我們找警察一事非常生氣。隔天，老闆娘沒有如期出現，反倒是旅行社隔壁旅館的打掃小弟，用自己的電話替我們聯繫，還拉著我們去找昨晚的那位司機，繞了一大圈後，終於取回11的背包。我們不停地向這位小弟道謝，他卻害羞地說，他覺得整個世界都是一家人，他只是希望我們來到他的國家也能留下美好的回憶。沒錯，這份濃厚又誠摯的祕魯人情味，有時如同夏日的啤酒，有時卻像冬日的熱杏仁茶，讓人無限回味。

六、復活節島
笑看人間潮起潮落

01 登上，復活節島

前往這個神秘又吸引人的塞外之地的方式，從2012年起多了從祕魯轉機的班機。一回到利馬，接機的人拿著密密麻麻的看板，入關時可以想像自己是國際巨星。經過七個小時的轉機等待時間，我們終於在半夜抵達這個號稱世界最孤獨的島嶼。

復活節島是西方殖民者取的名字，拉帕努伊 (Rapa Nui) 才是她的原名。如同其他原住民文化，入侵者打著傳達上帝旨意的神聖旗幟，使得原住民文化面臨全面性的毀滅。這裡的原住民與臺灣唯一擁有類文字的布農族相同，他們有著簡單的木刻文字「朗格朗格 (Rongorongo)」，意思是「說話的木頭」。這些難能可貴的文化遺產，卻在西方傳教士消除魔鬼文字的過程中幾近摧毀，只剩當地人搭船搶救出的25塊木板，諷刺的是，這些木板現在卻收藏於西方世界的博物館中。當代在談永續發展議題時，常會以過度發展的拉帕努伊島為例。根據研究指出，過去這裡的人口曾達到8000甚至

20000人；後來在部族分裂的情況下，各支派原住民開始建造屬於自己的摩艾像 (Moai)，由於搬運石像需要大量的木頭，島內有限的資源就在人類無窮慾望下，不斷地濫墾、開發，結果土壤流失嚴重，連過去南島語族帶來的農產品生產力也大幅下降。當西方人登陸時，島上一片荒蕪，僅剩2000名原住民與全數被推倒、破壞的摩艾像，在人口販子、外來的天花疾病摧殘下，島上所有文明與歷史幾乎消失殆盡。後因觀光產業興起，拉帕努伊島以不同的方式，吸引全世界的民眾前來探索這塊被稱作「世界的肚臍」之地。

　　由於自己曾待過臺灣部落，因此，對於原住民文化除了有股莫名的吸引力外，更有種親切感。澳洲著名研究南島語系的學者Peter Bellwood曾指出，臺灣是整個南島語系的源頭，包含夏威夷、紐西蘭、法屬玻利尼西亞（大溪

地）都算是南島的子民，而在拉帕努伊島的原住民更是南島
語系的東界。很難想像，憑著一葉輕舟，這群勇士為了追求
更好的生活，上百甚至上千年前，義無反顧地航向太平洋，
他們沒有少年Pi的急救工具與相關知識，只有勇氣和對上天
的崇仰，相較之下，今日的我們是多麼的渺小。

　　觀光客穿著夾腳拖魚貫出了飛機，雖然都睡眼惺忪，
但臉上都帶著愉快的神情，不知有多少人期盼來這裡很久
了。入關處擺放著一隻巨大又有氣勢的木雕鯨魚，氣氛與規
模都和原住民風味十足的臺東機場類似。我們都還沒入關，
網上預定的青年旅館老闆娘——一個擁有南島豐腴身材與熱
情的婦人，竟然先走出關口，並為我們套上花圈和擁抱。隨
後，我們與一對巴西夫妻一同坐上廂型車後，車子先在所謂
的「市區」繞一圈，老闆娘指出銀行、餐廳、雜貨店、租車
店等必要商店之所在，就載我們先回旅館補眠。

　　拉帕努伊島大概是蘭嶼的三倍大、綠島的十倍大，主要
道路在離開市區後，就變得坑坑疤疤的，所以島上出租的車
一般是吉普車，當然也有人挑戰極限，租機車、甚至腳踏車，
還遇過有人徒步遊島，選擇哪一種方式遊島，就看個人的能
耐了。整個島上，有兩個地方需要門票才能進入，西南方的歐
龍狗 (Orongo) 和東北方的拉諾拉拉窟 (Rano Raraku)，兩處可
共用一張100美金的門票，在機場未出關前的小亭子，可以買
到全島唯一有85折的票。旅程第二天，幾經考量後，我們決定

步行前往看起來離市區不遠的歐龍狗。島上有許多看起來沒有主人的狗，牠們常常三五成群在各地晃來晃去，在我們冒著大雨爬山時，就有兩隻狗不離不棄地跟著我們。歐龍狗位在機場後方的山頭上，本來很想看看是否有機會近距離看飛機起降，但前往的當日，濃霧和大雨早就遮住了視線。沿途有石頭標註，我們便順著這些標記一步一步上山。途中遇到一家三口的德國人，他們明知大雨卻沒帶雨具，全家被折騰地相當狼狽。雖然11撐著短傘，我穿著輕便雨衣，但在大雨下看起來比他們的Gore-Tex衣服還實用。歐龍狗是個完整的火山口，就怕濃霧遮蔽其真面目，縱然如此，我們一行兩人兩狗還是硬著頭皮繼續往前走。雨衣外面是濕的，裡面早因汗水而全溼。就在我們走到歐龍狗旁邊時，飄來一陣風，吹散了剛剛的雲霧。如同沼澤般的火山湖，上方有著淡淡的霧氣，跟台灣的嘉明湖有幾分神似。十分鐘後，雲霧又再次瀰漫，歐龍狗再度陷入魔幻的想像當中；途中所遇到的德國家庭此刻才到達，當然他們的視線正好被這片雲物遮住了，一旁的狗彷彿在偷笑著。

02 環遊拉帕努伊島

回到旅館，花了整個下午整理又濕又髒的衣物，我們和一位剛抵達的菲籍美國女生、瑞典女生、法國女生聊了起來，並約好傍晚五個人一同去租輛車，為明天的環島之旅做準備；這個決定，讓我們掉進世界戰爭。

大家約好晚上七點半到租車公司集合，傍晚我和11到海邊拍完夕陽，

小跑步往回跑，卻看到菲律賓人和瑞典人往反方向走去，我好心提醒她們約定的時間要到了，這個22歲的瑞典人揮揮手，一派輕鬆，仍繼續拉著菲律賓人往前走。等我們回到市區已經遲了三分鐘，法國人沒耐心地正看手錶，她表明非常不高興那兩人的態度，堅持由我們三個人租輛小車，我和11想打圓場；不料租車公司小姐火上加油，說她準備休息了，不要就明天請早，法國人聳聳肩，馬上自行決定就租三人的車，卻一派輕鬆地說她忘記帶信用卡，怎麼我就剛好有帶？！就在我們倒車出庫，準備離開時，菲律賓人和瑞典人

散步回到了市區，瑞典人眼裡冒出的火光已經快把我們灼傷了。她劈頭指責我們的不是，法國人完全不想搭理她，卻又不敢直接把車子開走，臺灣人以和為貴，我只好硬著頭皮請店員讓我們換成五人座的車，我因為太久沒開自排車，於是由瑞典人和法國人輪流擔任駕駛，希望她們不要拿車子出氣，不然下個月我的信用卡賬單會很恐怖的。法國人似乎立即把剛剛發生的事完全拋諸腦後，她把車上的音樂開到最大聲，收訊不清楚加上音響破損，歌手的聲音聽起來慘不忍睹，偏偏這時，法國人開始跟著哼唱。回旅館前，她又堅持開去海邊看看，到了那裡，她要大家下車跟她在這樣詭異的氣氛下一起跳舞；瑞典人雙手交叉，堅持坐在車上，不願意下車，三個亞洲人莫不為眼前的情況感到尷尬，法國人就在此時走過去，硬拉著瑞典人下車，還作勢要跟她擁抱來鼓勵她開心點。可預想隔天的開車之旅會有多精彩了。

　　天還未亮，我們先趕往Ahu Tongariki去看美麗的日出，這裡有全島最壯觀的一排摩艾像，後來才知道它們是由愛觀光的日本人出錢幫忙豎

六、復活節島　笑看人間潮起潮落

立的。這排摩艾的位置正好位於島的東邊，和蘭嶼的東清部落一樣，成為大家看日出的最佳景點。摸黑開在不平的路上，法國人一路上「Merde (Shit)」罵不停，幸好我們仍在日出前安全抵達。漸漸地，觀光客三三兩兩抵達，天色由黑轉紫，昨天的大雨仍在我們心中留下陰影，在拉帕努伊天天都需為晴天而祈禱。十五尊摩艾像在微光中，形體越來越清楚，祂們就像守護神般默默地立在岸邊；即使祂們突然站起來，也不會太令人意外。此時，太陽無聲無息地從地平線冒出，一道光線照射過來，摩艾像的陰影投射，使其更顯巨大。從側面觀察這一排石像，高聳的鼻子、堅毅的臉型，這時又像一整排的軍隊；拉帕努伊的驚人魔力，在這一瞬間無限放大，此時是我在島上最興奮的一刻。

　　回到旅館後，我們先吃了早餐，瑞典人因為手腕處在兩週前被蜘蛛咬到，她理直氣壯地表示自己要先去醫院看醫生，但法國人堅持不准她用車，她說五個人一起付錢，車子理當是由五個人開的。這位瑞典女生非常聰明，她趁法國人回房間，一聲不響就把車子開走，一小時後瑞典人回來，大家才坐進山雨欲來的車內，第二階段的環島之旅要開始了。我盡其所能的說些俏皮話，讓氣氛緩和些，法國人仍在為瑞典人的自私而臭著臉。

　　第一站我們來到Rano Raraku，這裡是所有摩艾像的老家，所有石像都是從這座小山鑿出來的。抵達前，我們被路邊一頭乳牛吸引了注意力，牠不知何故四腳僵硬地死在路邊，此時從事護士工作的法國人對此產生興趣，堅持要停車看看，好奇的瑞典人也拿著相機衝去；路邊不遠處則是有尊倒下的摩艾像，我立即拍下搞笑的仆街照，還拉著瑞典人和菲律賓人一起。進入Rano Raraku園區後，一尊尊的摩艾像就像雨後的草地上冒出一朵朵的香菇；靠近時，牠們每尊都像抿著嘴，表達出對於人類所作所為的抗議或漠視，有些石像才剛在石壁上鑿出個形狀，乍看之下有點像雲門石窟風化過後的佛像，從山坡上遠眺一早拜訪的Ahu Tongariki，難以想像當時的人們是憑藉著多大的意志與毅力，才能將這些石像運到島上四周。這時山頭上出現一群好奇的馬盯著我們看，於是我們朝著牠們走過去；也因此，我們發現了一個名不見經傳的美麗火山湖，在樹下乘涼時，我遙想著拉帕努伊島過去的百年風華。

　　島上四周都是靛藍的海水，不過大部分都是危險的礁岩，讓人無法靠近。法國人似乎想起故鄉的蔚藍海岸，獨自走到海岸邊緣，實在擔心瑞典人會跟著過去，順勢一推……接著我們抵達拉帕努伊島最吸引西方觀光客的Anakena海灘，潔白的沙灘上早已聚集了人潮，這裡同樣立著一排摩

艾像，旁邊還種著幾棵椰子樹，帶著濃厚的人造庸俗感，但這些卻是吸引許多遊客前來的原因，如我們旅館裡的巴西情侶，其實是因為買到便宜機票，才想說來這裡曬曬太陽，「順便」看摩艾像。

接著我們駛向島中央的Ahu Akibi，奔放的瑞典人成為這一路途的司機。她一路狂飆，在經過雨後的爛泥路時，居然沒有絲毫踩煞車的跡象，加上享受的尖叫聲，我不斷祈禱車子不要有任何閃失。在島上所有的摩艾像都是背向海岸，就像擋在海邊的使者，看護著拉帕努伊島的人們，可是Ahu Akibi的七尊摩艾像卻豎立在島中間、面向島內，此舉是否有特殊意義，至今仍是考古學家研究的焦點之一。

回到市區前，三位外國人聽到我們昨天淋成落湯雞的經驗，決定在還車前，到歐龍狗看看。後來發現其實火山湖盡頭有個小小的博物館，後方還有一些小徑通往島上的聖地，過去每年巫師都會在這裡舉辦鳥人比賽，英勇的戰士要經歷各項挑戰，證明自己的能力，贏的人可以在來年享受許多特權，博物館內有清楚的示意圖畫。到了火山口邊，頑皮的瑞典人爬下火山口，邀我們錯位拍張救援的搞笑照，整個場面相當有趣，終於為這個漫長又精彩的一天，畫下荒謬且無人傷亡的句點。

03 真相－拉帕努伊島

　　拉帕努伊島的原住民，因為對權利、信仰的貪婪，在砍下島上最後一棵樹時，敲響了民族的喪鐘；西方人在航海大發現後，成為終結這只剩最後一口氣文化的推手，先強抓原住民當奴隸，又不經意地帶來天花，拉帕努伊島的燦爛島嶼文化正式走入歷史，屬於西方人的復活節島誕生了。

　　在島上我們訪問了兩位小朋友，一個是來自智利首都的白人小孩，爸媽為了生計飛到這裡，他長大後想和爸爸一樣，當位廚師；而他的玩伴，

一個看來是原住民與白人混血的孩子，他在外婆的陪伴下，說出了自己想要和父親一樣從軍的願望。兩個孩子的夢想都受到家庭的影響，不知他們是否會在羽翼漸豐後，揮動翅膀，飛離拉帕努伊，尋找另一個人生舞台。

　　雖然兩個孩子玩在一起很開心，然而白人母親和原住民外婆卻顯出明顯的主僕關係。民族混血為中南美常見的日常生活場景，但可預料到未來，等孩子發現彼此之間的差異時，這種不平等的枷鎖又將牢牢鎖住兩個孩子的心。

　　旅程中某天我和11打算走回旅館休息，意外地走進了一場午後的Party。主人是一位約三十五歲的當地原住民與一個大他十歲的紐約女子，來訪的客人有德國智利混血的女子、一對美國夫妻與紐約女子的親戚，這個組合十足奇異，對於我

們出現的的突兀，仍表現出屬於原住民最令人喜愛的無比熱情。那位紐約女子正就讀國中的女兒提到生父已與她們失聯，從小在紐約長大的她，因為媽媽到這裡旅行，認識當地人後，就定居於此，而她沒有選擇，只能跟著母親，她到智利的聖地牙哥念書，接著轉學來到拉帕努伊，迄今已三年了，我問她想不想回美國，她瞄了母親一眼，轉頭說：「想死了。」我期待她能找到機會開　自己想過的人生。

　　Party男主人用類似臺灣煁窯的方式來悶肉，唯一差別是他們會在食物最上方與下方鋪上葉子，接著才蓋土，雖然他們很友善、客氣地要留我們下來，但眼看還要一個多小時食物才上桌，我們就意思意思地吃了根香蕉後致謝離開了。和大部份臺灣人相同，我從小也接受了安穩的價值觀，但旅行偶爾會遇到這些具備極大勇氣，為自己做出重大生命改變決定的人，更讓人打從心裡由衷地敬佩並帶有一絲絲的羨慕。

　　拜訪完拉怕努伊島後，我必須難過地承認，這裡的文化已經消失了。如同所有南島文明，現今幾乎已被中文、英文、法文、西班牙等主流語言給「淘汰」，原住民們在媒體與現代生活下，與祖先的連結已經近乎消逝，就像摩艾像，雖然完工時每尊都有帽子與眼睛，但今日，連它們也得忘掉脫下帽子和眼睛，放下自己的驕傲、閉上眼不再看顧這早已人事已非的世界。

　　位於臺灣邊陲的蘭嶼，島上達悟族也同樣是極具特色的原住民族，就生活習性與目前所面臨的處境來看，很自然地會將他們與拉帕努伊島做出連結。生命力十足的達悟族人，即使在漢文化衝擊和核廢料的迫害之下，在蘭嶼仍保留了一些純正南島文化的影子，雖然達悟人的微笑仍燦爛，可是科技帶動的社會變化加速，讓人擔憂蘭嶼總有一天會步上拉帕努伊島的後塵，我期待這天永遠不會到來。

🇲🇽 七、墨西哥 - 恰帕斯省
戰爭即和平，自由即奴役， 知識即力量

01 蒙面下的美麗與哀愁

　　準備再次踏上中美的版圖，南美的大山大水滿盈了整個腦袋，充滿不捨的旅程仍將繼續；接下來的行程，是此行其中一個非常重要的目的——一探「薩帕塔游擊隊」。

　　第一次知道他們的存在，是從某本書上的一張圖片，圖片中的一群蒙著面的人，卻露出炯炯有神的一對對雙眼，他們眼裡的堅忍和理想吸引了我。我開始嘗試多找些資料，卻發現無論是中文、英文網站的資訊都極為有限，這個組織西文版的「官方網站」，也幾乎沒提到到訪資料，這反倒大大增加了我親自走訪的決心。

　　墨西哥與美國、加拿大簽下的北美自由貿易協定在1994年生效，協定內容以資本主義為藍圖，打著前幾年先對小國有利，接下來保護期後，小國也得完全開放市場，近似臺灣與中國簽署的ECFA。墨西哥在保護期內並未成功地讓產業升級，所以保護期一過，美國的企業正好順勢如洪水湧入墨西哥，其中天性隨和又不好爭的墨西哥原住民，成為這項政策最悲慘的受難者，生存權益嚴重地受到忽視與侵犯。

　　一個著名的薩帕塔小村落Oventik，位於墨西哥最南邊的恰帕斯省

(Chiapas) 的首邑San Cristóbal de las Casas周邊的山區，醞釀了許久，在此時開了革命的第一槍，向世人訴說自己的故事！也開始吸引世界的目光。恰帕斯省與北邊的猶加敦省 (Yucatán)、東邊的瓜地馬拉為現存馬雅原住民比例最高的區域；這裡曾經是人類文明的最高點，現今因為殖民主義、資本主義相繼肆虐，雖身為墨西哥的大糧倉，卻莫名其妙地有超過40%的人營養不良，更不用說更深一層的教育、民生問題。

這是最壞的時代，這也是最好的時代。神秘的馬珂士 (Marcos) 決定採取武裝革命，控訴政府私通財團，罔顧普羅大眾的利益，這項起義名為「薩帕塔民族解放運動 (Ejército Zapatista de Liberación Nacional, EZLN)」，他們的訴求相當簡單，就是「建立一個人人都能生存的世界」；經過多年的努力，薩帕塔終與政府達成協議，和墨西哥政府間不再互相攻擊，各自擁有其管轄的區域，原本的核心小鎮也慢慢揭開神秘面紗，馬珂士則帶領組織幹部退往更深的叢林中。

20世紀有了切·格瓦拉，在資本主義與修正的共產主義下，世界終於有了一個浪漫又絢爛的選項，馬珂士延續這個理想，21世紀再多了騎士般的英雄氛圍。合照中他總是鶴立雞群，比身旁的原住民高出一個頭，他自稱自己

是「副總司令」，因為這場革命中，原住民才應該當家作主。他總是蒙著面，一來是顧慮安全問題，二來是因為游擊隊沒有自己只有全體。墨西哥政府開始對於這號頭痛人物提出許多猜測，猜測的範圍從情報人員、旅居舊金山的作家到墨西哥大學的教授。曾在2000年前往另一薩帕塔村落——真實村 (La Realidad) 參觀的吳因寧，曾在《蒙面叢林》一書中翻譯了馬珂士的文章，也講述了自己的經歷，她對於馬珂士的真實面容提出「似乎人人心中各有美好模具，任何一張真實臉孔都卡不進去」，那索性我就稱他是墨西哥版的廖添丁吧！

說穿了，馬珂士其實深諳世界的運作。既然我們不知道他的長相，那他就用文字來和大家交流，此時，筆往往比槍更有力。他創造出的甲蟲「德瑞多」老愛「命令」副總司令寫下一個個極具拉美魔幻寫實風格的故事或寓

言，他以戲謔或理所當然的口吻解釋馬雅原住民的命運。從文章裡超乎一般的平靜，很難想像這些故事是在叢林的槍林彈雨裡寫下來的。其中一篇〈烘烤一個叫做明天的麵包〉，藉由一位小說人物——老唐尼諾的口，道出馬雅原住民常吃的麵包原料之一，就是「痛苦」。

從復活節島返回南美大陸後，我和11直接在祕魯利馬的機場過夜，晚餐集資分了一份subway。剛好店員是個中秘混血的年輕人，他的爺爺、奶奶在幾十年前到了祕魯討生活，雖然他已經完全南美化，不過看到現在亞洲崛起，仍很期待有機會到亞洲找工作，又是另一個偉大的夢想。夜深了，我們找了一面牆，分別用包包圍出了我們的精緻房間，來送機的孩童看到這場景，新奇地指著我們叫Chino（中國人），我學習馬珂士用領巾把臉遮住，慢慢進入了夢鄉。

轉搭國內線抵達位於Tuxtla的小機場，裡面並沒有任何一絲原住民的元素，不像台東機場，一下機就可以感受到東部原住民的熱情和活力的氣氛。由這種景象，不難想像恰帕斯省佔大多數原住民的聲音被忽視的嚴重情況。這裡一口價1200披索，計程車帶著我們從機場直奔San Cristóbal de las Casas，當晚我們入住一間以單車為主題的青年旅館。

復活節剛過不久，下著雨的市區仍是熱鬧非凡。一攤攤賣著用玉米泥包的墨西哥式潮洲粽，當地人稱之為「打罵(Tamal)」，一邊吃一邊配上一杯鹹味熱巧克力。路邊的行動小販

則賣著一支支塗上厚厚起司粉的水煮玉米，超級濃郁的香味至今仍印象深刻，吃完後準備努力尋找前往Oventik的方式吧！

很奇怪，San Cristóbal de las Casas算是觀光小鎮，街上那麼多家旅行社，卻沒有任何人知道怎麼去Oventik，有些人甚至露出狐疑的眼神，一副想知道我們去那裡有什麼目的的樣子。出發前我在網路上，看到有兩個荷蘭女生在城中找到計程車司機載她們去，我們如法泡製，卻是不管用。就在我們準備放棄的時候，一位好心的旅行社女士伸出援手，她提到旅行社現在都沒有到Oventik的行程了；但如果我們仍想前往的話，可以到城鎮北邊的巴士站去，找尋上頭有塗藍色條紋的巴士，不用轉車，只要看到蒙面的標誌就可以準備下車，這真是太好了！薩帕塔我們來了！

七、墨西哥 - 恰帕斯省　戰爭即和平，自由即奴役，知識即力量

隔天一早到了巴士站，塗上藍色條紋有小巴和計程車，一樣都是共乘制，坐滿了就發車，價格分別是23和29披索，我們跳上幾乎客滿的巴士，往謎樣的村落出發了。沿路的景致就像台灣普通的產業道路，山上到處被開墾地如同癩痢頭，偶爾看到穿著原住民服飾的婦人頂著重物走在路上，他們認識馬珂士嗎？現在的生活真的比起以前好嗎？好多好多的問題，有待釐清。

一小時後，司機轉頭大喊Oventik！一對情侶和我們一起下車，他們是來自首都的老師夫妻，他們也對這裡充滿好奇和想像，就趁假期到南部旅行時，順道到這兒一遊，攀談後，他們成為幫助我們進入Oventik大門的關鍵。

下車後右邊長長的一道鐵閘門後面，有一個緩降的、鋪上水泥的下坡車道，兩旁有著一間間的矮房，坡道最後面還有片大草皮，我自然認為不該一直盯著看。兩個帶著面罩的人朝我們走了過來，拿了表格要我們填寫，裡面大概就是尋問我們的國籍、職業、來訪目的等基本資料，填完之後，其中一個人把資料帶進去坡道旁的某一個房間，另外一個人則繼續監視著我們，並要我們稍候。馬路的左側有一間學校，還有一間二手衣物商店，進到商店裡逛的時候，裡面的一對男女自顧自的繼續聊天，完全未搭理我，和中南美人們常見的待客熱情很不一樣。

這對友善的老師夫妻，和我們交換了零食，11慷慨地把我們僅存的魷魚絲和他們分享，我們覺得很難用短短時間分別解釋我們的工作內容，所以我索性跟他們還有薩帕塔組織都說我是英文老師、11是數學老師（後來11跟我說她最怕數學）。我們一行四人就這樣在門外一直等著，途中一群沒有蒙面的孩子從鐵柵門旁的木門出來，好奇地瞧著我們，卻一直被後方的老師催促往前，後來得知，拜訪薩帕塔部落，獲准拍照的地方僅有房子

和同意被拍的蒙面人，這群孩子自然不能入境。

　　等了兩個小時，一個中年、個頭小小的蒙面人終於打開了木頭門，並招手要我們跟他走。我們一行四人懷著忐忑的心走下了緩坡。本來這名男子意思是要我和11先進去，但後來男子不知為何改變主意，要我們四個人一起進去。進去之後的對話，全部都是西班牙文，還好有這兩位老師稍微的翻譯，才讓我和11不致於鴨子聽雷。這是一棟木造建築物，裡面的裝潢像是一間辦公室，進門右邊有一張辦公桌，已有三個人坐在那裡了，正中間是一個眼睛散發出母性光輝的中年女性，她兩側坐著一個小個子的大叔和一個與我年紀差不多的女生，我們被要求坐在他們前方的三張長板凳上。房間用馬珂士的畫像、切・格瓦拉的圖案、「為自己的自由奮鬥」等標語、古巴國旗來裝飾，甚至還掛著一個中式的燈籠，我暗自希望投靠資本主義的台灣不會是他們的黑名單。我感覺到手心冒汗，準備迎接他們的一個個問題。我大致上用西文拼湊說明我們如何認同他們在教育上的努力，並希望能聽聽他們的理念，老師夫妻也提出一些問題，由坐在正中央的女性統一回答，她真誠地介紹和解釋薩帕塔的理想，並對於現今一成不變又偏頗的教育內容做出批判。追隨「切」和古巴「卡斯楚」的步伐的他們，除了教育之外，最重視的就是醫療；剛剛在外就觀察到在薩帕塔村莊的孩子們，的確看起來都明顯地健康又活潑。然而夢想和現實仍有差距，他們也承認經費的不足，造成了很多想法窒礙難行，說著說著話鋒一轉，她真誠地感謝我們的到來，並期待我們將薩帕塔的想法和處境向更多人分享。這段「交流」，大致上持續了一個小時，我好像走進愛麗絲夢遊仙境的場景，正聽著愛麗絲訴說著她如何鼓起勇氣對抗壞心的紅心皇后，令人有些不捨，卻讓人充滿信心與力量。

七、墨西哥 - 恰帕斯省　戰爭即和平，自由即奴役，知識即力量

　　離開辦公室後，同一名男子帶著我們走下坡道，他先三令五申的要求我們不准拍未蒙面的人。底下的一大片草坪是學校的操場，學校的形式和台灣一些偏鄉的舊校舍感覺有點像，不過裡面的課桌椅、斑駁的牆壁和天花板，卻仍清楚看出這裡經費的拮据。有人說藝術不設限且隨處可見，在薩帕塔的村莊裡，幾乎每面牆壁都繪製了精緻的壁畫。人類是玉米做的馬雅傳說，或是薩帕塔運動的緬懷目標——20世紀初的墨西哥民族獨立英雄埃米力亞諾‧薩帕塔 (Emiliano Zapata) 的畫像都在其中，塑造出一個奇異卻振奮人心的氛圍。靠近坡道出口的幾間木屋是商店，裡面販售一些他們

七、墨西哥，賈帕斯省．戰爭即和平，自由即奴役，知識即力量

手工製作的衣服、玩偶，店員同樣完全沒有百貨公司店員的陪笑作揖，反而多了股高傲的自信。

離去前，陪我們整個下午的男子，眼睛笑了起來，他再次表示感謝我們的前來，突然那位墨西哥男老師跑去大門的雜貨店買了一大排棒棒糖交給了男子，請他送給村落的孩子們吃。在返回城市的路上，我們四人都沒有說話，剛剛如夢似幻的經驗，還需要時間沉澱。

回到城市後，老師夫妻準備北上繼續他們的馬雅古蹟之旅，我和11則到附近的市集逛逛，裡面寫著Zapatista的面罩、各種size的薩帕塔玩偶，這些商品少了村落裡的粗糙手作感和人情味，卻多了些資本主義下大量製造的庸俗與銅臭味。這時我已深刻體悟到，薩帕塔是為何而戰。

02 一顆顆失去光芒的星星

各地的傳統市集一向是我旅行中最愛的地點，裡面洋溢著豐沛的活力與驚喜，讓人怎麼逛都不會厭倦，從天竺鼠、小火雞、一堆堆的羊毛、食物鋪子、鮮豔的水果蔬菜，我如同進了大觀園的劉姥姥，被眼前的新事物吸引著。路邊一輛貨車上，一對年輕情侶賣著一顆只要10披索的鳳梨。這裡的鳳梨攤，不像臺灣的，總是幫你切好，放進透明的塑膠盒中；這裡的做法是將鳳梨橫切，讓鳳梨一片片像CD片似的，上面淋上辣椒醬和香料粉，這絕妙搭配的口感就像蕃茄配醬油般令人驚豔。

在傳統市集裡，一整排的理髮廳任君挑選，平均只要10披索。其中一家的老闆圍著像是幼稚園兒童的圍兜兜，感覺上他下手應該會比較輕，他要我從貼在牆上的模特兒選一個。亞洲人剪髮秀吸引了越來越多的圍觀人群，11

也幫我從旁記錄這難得的一幕。老闆動作又快又俐落，大概只剪了七成，就先在我頭上抹上大量的髮膠，稍微定型之後繼續剪，這也意味著如果我想要有現在的的造型，天天都得同樣塗上半罐髮膠才行。最後成品和照片看起來……差距有些大，但我還是露出大大的笑容，以此感謝所有在場的觀眾。

離開城市之前，我們再次跳上小巴，前往北邊10公里遠的San Juan Chamula。這裡住著一群特殊的Trotzil原住民，男性穿著厚重的白色羊毛背心、戴著牛仔帽，女性的裙子則以黑色的羊毛做成。Lonely Planet寫著來到這裡不可以隨意拍照，尤其是他們的墓園；但我卻看到一群群的西方觀光客由大巴士載來，如同逛動物園般，肆無忌憚地把眼前的奇人異事，一樣不漏的捕捉進照片中。

這天是週三上午，號稱推行全民義務教育多年的墨西哥，路上看到的多是稚氣未脫的孩子，他們有的踩著三輪車在賣冰淇淋或是色彩鮮豔的剉冰，女孩穿著傳統服飾兜售著手工藝品。有兩個約莫10歲的小男生，提著木箱

七、墨西哥 - 恰帕斯省　戰爭即和平，自由即奴役，知識即力量

找尋需要擦鞋的客人，他們指縫裡卡著長年累積的鞋油，被太陽過度曝晒的臉透露出滄桑感，看起來肩上的經濟壓力相當沉重。我們買了罐可樂請他們喝，鼓勵他們分享自己的夢想，害羞的他們費了我們好大的勁，才終於說出夢想，他們一個想當老師、一個想從軍。在諸多紛擾的墨西哥，從軍夢應不難達成；然而對於這位男孩成為老師的夢想，只能祈求上天給予奇蹟了。

一位七歲的小女孩盯著我們和男孩，她叫瑪麗，也是一個想要當老師的女孩。似乎在辛苦的環境下，老師所象徵具有改變力量的角色，特別獲得孩子的青睞。瑪麗拿著我們送她的筆，興奮地去找姊姊，然而她才12歲的姊姊，早因沉重的生活現實，眼睛失去了夢想的光芒，無論我們怎麼問，她仍顧左右而言他，堅持只希望我們買她手上的手鍊；我思考著，瑪麗再過幾年後，臉上兩顆水汪汪的星星能否繼續閃耀著光芒呢？

有天我們在墨西哥市區遇到一間貴族小學放學，一個12歲的小女孩喝著媽媽準備的果汁，媽媽邊幫她擦汗，她邊說著自己要當生物學家的夢想，如

此巨大的差距普遍存在一個國度裡。《天虹戰隊小學》一書中提到「一隻小老鼠餓死在裝滿米的穀倉」的比喻，從幾十年前的印尼到今日的中南美洲還在驗證中。他們生長在豐富天然資源之上，仍面臨著天天吃不飽的困境；中南美洲巨大的貧富差距之下，富人們的圍牆越蓋越高、保鏢的人數越來越多的同時，他們想要對於牆外的世界充耳不聞；但那股不知何時會發生什麼事的恐懼，同樣在富人心中滋生蔓延。

03 馬雅帝國俱現

恰帕斯省有個名聞遐邇的馬雅遺跡——帕倫克 (Palenque)，它位在San Cristobal de las casas北邊約210公里處，偶爾會發生夜車遭劫持事件；我們卻因行程安排而搭上了夜車。這班車並非主流的公司，因月台被其他的巴士公司搶佔，以致發車時間慢了一個半小時。擠在悶熱的巴士站內，十足能體會回鄉過年的大陸民工之辛勞，幸好在人車平安的情況下，於清晨三點抵達了帕倫克的市中心。

從市區前往遺跡，我們跳上貼著「Ruinas（遺址）」且坐滿就開的當地小巴士 (Collectivo)，大約15分鐘後就抵達了古老的馬雅遺址。一下車，擁擠的人潮、熱帶的氣候、茂密的樹林，當下的感覺很像在東南亞。買了張類似演唱會手環的門票，我們走進大門，一群當地人舉起掛在脖子上的導遊證，試圖說服我們僱用他當這幾小時的導遊，我們選了一個看起來像大學生的年輕人，和他來來回回討論價格好久，我們用僅剩的墨西哥披索加上一些美金湊給他，終於在價錢上得到共識。

可能是我們殺價殺太兇了，感覺導遊心情似乎不太好，不過大家往遺跡移動時，他仍盡責地介紹有關這裡的許多背景故事。

帕倫克為年代古老的馬雅城市遺址,西元六百年時,曾有多達八萬名居民居住於此,國力之盛,讓貨物貿易也興盛不已;在這裡的遺址中,就發現許多來自北方的可可與南方的青玉。其中1952年與1994年相繼發現的國王巴卡爾二世 (Pacal II) 與推測為其母親的紅皇后陵墓,更打破長久以來考古學家以為馬雅金字塔為一實心建築物的觀點,也開 了考古的另一扇窗。

現在無論是國王的玉縷衣或紅皇后豐富的陪葬品,甚至連骨骸本身都已全部移至墨西哥市的人類學博物館,以提供更好地維護與保存。當地僅存紅皇后陵墓中的「紅」為劇毒,迄今仍鮮豔魅人,也因此防止了一般昆蟲對遺體的侵擾。大家津津樂道的國王陵墓,則由國王的兒子用心地將其建在皇后陵墓旁,建築體上有69階的階梯,象徵國王在位69年的風光,而他棺木上的雕刻,有著類似現代直升機或是太空船等的圖案,讓許多現代人繪聲繪影地猜測著,這是否就是外星人來過地球的證據。

　　這處遺址在18世紀就被法國人發現，但礙於當時技術與熱帶氣候下植物的生長之迅速，無法做完全大規模的考古。時至今日，整個馬雅世界仍有許多建築物深埋在森林中。看到吳哥窟被小偷、觀光客侵擾的結果，似乎讓歷史遺跡躲在樹林中，使其能繼續與大自然共處、對話，也許才是遺址最好的歸宿。

　　馬雅文化有許多有趣的地方，像是他們神秘的數字為九，或東南西北分別代表水、死亡、生命與力量，以及他們上小號時向北、大號向南的習慣，都有著一套邏輯和傳說。今日的墨西哥南部，自己就擁有豐富的玉米種類與產量，古時自然成為馬雅人的主食。中美洲人的主食玉米餅也是源自這項傳統。觀察到生命歸於土又再重生，馬雅人因此相信人都是玉米做的。諾貝爾文學 得主阿斯圖里亞斯 (Asturias) 所著的《玉米人》中，曾數次以玉米的葉子形容兔子的耳朵，有學者就推測馬雅人應該是把「兔子」當成力量的象徵，這可從裝飾在帕倫克遺址的柱子上的兔子雕飾可見一斑。

　　整個帕倫克的觀光區非常廣泛，從一進門比鄰的骷髏神廟、紅皇后金字塔、國王金字塔，到隔壁巨大的皇宮一直向外延伸，還有座傳說是足球起源的球場，以及其他各式雕塑與型式的神廟。不過在這樣炎熱的天氣下，觀光客盡其所能地躲進樹蔭下，路上只剩下一攤攤不見了主人紀念品攤位，原來攤位的主人多半在附近避暑，他們眼睛可利害的。沿著參觀路線一路往下走，一群人的嬉笑聲吸引我們注意，旁邊一處清涼的河水形成的小池子裡，正有好幾個家庭跳進水裡消解暑氣，過去這裡可曾是皇家的戲水池。

　　出了遺跡區後，還有間可用手環門票進入的博物館，極簡風的設計與希臘衛城博物館有些相似，兩個博物館裡的展品也巧合地大都是複製品，

原物分別被墨國首都和英國拿走了。幸好各國的考古學家用心地復原包含馬雅文字、城鎮樣貌等，讓這座博物館的可看性依舊非常高，一個個渾圓可愛的馬雅文字，和現在一些卡通人物有些神似。科學家一直苦思不得帕倫克覆滅的原因，博物館內也針對此一問題，分析了幾項原因，其中以「人口過多，導致城市無法負荷」聽起來最為合理，畢竟距今將近1500年前，八萬人的用水、飲食、交通都是個大問題，同樣的疑問在世界各處也同樣存在，有賴更多考古人才的投入，讓謎底趕緊揭曉。

再次搭上巴士返回城鎮內。到了傍晚，溫度終於比較宜人。我們走到附近的廣場，參加社區義賣會的活動。小丑、遊戲器材，還有很多媽媽們準備了各式新奇的食物，我也吃了一杯又甜又鮮豔的果凍。一個孩子拿著夜市裡常見的樂高玩具開心地玩著，一不小心這玩具飛到了一旁攤位的棚架上，他駕輕就熟地攀著旁邊的電線桿爬上去撿，這和樂的一幕仿佛走入70、80年代的臺灣，讓人莞爾這時空交錯的場景。

八、瓜地馬拉
一腳踏入馬雅世界的奇幻冒險

01 樸實親切的第一印象

結束了恰帕斯省的行程，我們直接從帕倫克往東，進入瓜地馬拉北邊的北梭省（Petén）。今日雖然還是得搭巴士轉小船再轉巴士跨過國界，但過去這些在熱帶雨林中的遷徙可是不得了。帕倫克出現了四百多年後，最著名的馬雅金字塔遺址「提卡爾 (Tikal)」才逐漸形成。這趟將近一整天的旅程，大部分遊客會先住在約50公里遠的一個湖中小島Flores；行程中最讓人受不了的不是身體上的辛勞，而是必須經過收賄嚴重的瓜國北部海關。我們一行背包客在炎熱的天氣之下，過河準備進入瓜地馬拉境內，因巴士故障耽擱了兩個小時，最後搭上了一班近乎解體的巴士，五分鐘後就抵達了瓜國的海關。本來大家都同意絕對不支付每人15美金的賄賂，誰知這些西方遊客在最後一刻反悔，紛紛掏出錢來，這時反倒我們成了害群之馬。海關堅持不幫我們蓋章，司機和同行遊客在車上意興闌珊地看著我們，因不堪壓力，我們也成了助長此一陋習的幫凶。

Flores是個可愛的小島，島上的觀光氣息雖濃厚，但當地民眾親切的態度，讓人漸漸喜歡上這個國家。島上唯一的聯外道路在南邊，一過橋就有購物中心和大型超市，生活機能完備，不過我們還是到小島北邊的攤販區，好

好享受這裡輕鬆的樸實氣氛。這裡的攤販賣著各式各樣的Tacos，包有酪梨、肉末、洋蔥等各式香料，除了我們幾個少數觀光客外，很多當地家庭也到這裡吃吃小吃、看看湖光山色，其中有些是從附近的小島划船過來的，愜意之情寫在臉上。突然，一陣強風吹來，差點吹落了攤販的棚子，在所有人熱心又機靈的反應下，攤子才恢復原狀。忙得滿頭大汗的大夥兒相視而笑，那股輕鬆又親切的互動，來自這群擁有馬雅DNA的可愛瓜國人民。

02 中美洲的吳哥窟

　　前一天搭車快到Flores時，一個當地導遊上了車，不斷地遊說我們參與他的早鳥團前往提卡爾 (Tikal)，這個導遊能言善道，一副上知天文、下知地理的模樣，我們一群人沒多想就先訂了。之所以訂早鳥團的原因，完全因為導遊提到一大早提卡爾的步道上會有許多野生動物，這點讓我們既興奮又期待。雖然前一晚盯著破舊房間上方邊轉邊大力搖晃的風扇而未睡好，但一想到馬上就能親眼見證馬雅奇蹟，早就將疲勞拋諸腦後了。

　　我們在天未明就出發，40分鐘後抵達了天剛亮的提卡爾，昨天能言善道的導遊竟未出現，而是由另一位看起來像是《老夫子》漫畫中大番薯的先生接替他的工作，幸好專業的他將許多馬雅故事講得活靈活現的。一旁參天的

「生命之樹(Ceiba)」如同衛兵站在門口守衛著，最高可達七十公尺，其樹梢雖沒有葉子，表層包覆著類似棉絮的絲狀物，生命之樹被馬雅人認定是世界的中心轉軸。藉由導遊一步步的解釋，將我們帶入了時空隧道中。

　　《挪威的森林》中提到「死不是以生的對極形式，而是以生的一部分存在著」，馬雅文明已在森林中覆滅，說著西班牙語的馬雅移民，身上流著與祖先相同的血液，古老的傳說靜靜等待時間到來而甦醒。

　　沿路雖可聽到遠方傳來的猴子、鳥類叫聲，卻連一隻動物都沒有看到。此時導遊提醒我們，這一路上經過的許多個小丘陵，其實底下都是金字塔。馬雅文明從公元前1500年至16世紀，歷時三千年，墨西哥的帕倫卡和提卡爾都是在馬雅鼎盛時期所建立的。迄今人們對於馬雅文明仍有許多未解的謎題散佈在中美洲各地的叢林裡，對考古學家來說，尋找新的失落城市，更有助於拼湊出馬雅文明的全貌，因此出現大量這些已被發現卻尚未開發的遺址，加上金字塔挖掘出來後，若未繼續保護，將對遺址造成更大的傷害。這些未完成的挑戰，就留給未來的子孫好好努力吧！

　　漸漸往園區內部走去，六座高聳入雲的金字塔現身了，他們的高度甚至超過叢林。爬上四號金字塔往回看，看到一、二、三號金字塔冒出了頂部，有點像是緬甸的蒲甘 (Pagan) 中一座座的佛塔；如能在這裡觀賞日落一定很美，可惜酷熱又潮溼的氣候，讓大家一拍完照後就鳥獸散。回程經過其中一座金字塔，一批當地民眾身著傳統服飾，不畏炎熱地準備著擔任戲劇的臨演。已經消失的馬雅古文明，讓今日人們可以發揮無比的想像力。

　　接近正午時分，行程即將步入尾聲，原本靜態的畫面動了起來，樹林中的猴子出現了，巨大鮮豔的火雞也在遊客中心前逛大街；而一旁的兩三歲小男孩，不畏中暑風險，和他在園區擴建工程工作的爸爸踢足球。瓜地馬拉人和動物的耐熱程度，實在令人佩服不已！

03 九寨溝現身

下一站我們將前往背包客最推薦，位於瓜地馬拉中部的Semuc Champey，Semuc Champey位於Lanquín洞穴國家公園 (Parque Nacional Grutas de Lanquín) 之中。所有人得先到Cobán轉車，然後搭乘箱型車經由碎石路面進入Lanquín，再轉小貨車到Semuc Champey，即使路程如此耗時又不舒適，但景色實在太過特殊，吸引了越來越多不辭辛勞的遊客。

在瓜地馬拉行動，以箱型車 (Colectivo) 最為經濟省時，這種幾乎是因應觀光客而生的箱型車，大多是四輪傳動，在多山的瓜地馬拉特別實用；然而商家常常為了利潤最大化，一部箱型車有時甚至擠超過十個人，就安全性和舒適度來說，都不及格。

從北部叢林大省北梉 (Petén) 往南，一路上看到生活在貧窮邊緣的原住民，他們站在明顯受汙染的河水旁洗衣服，赤著腳的孩子在垃圾滿地的街道上奔跑，這樣的景象，令人心中一陣酸楚。瓜地馬拉擁有豐富的天然資源，卻因政府長年的貪污，讓瓜國連基礎建設都不完善。從Flores往Cobán，年久失修的道路崎嶇不平，在缺乏橋樑又必須過河時，就得靠沒有柵欄的接駁船幫忙，幸好當天是個大晴天，實在不敢想像遇熱帶氣旋襲擊時，情況會有多危急。看到岸邊幾個孩子正開心地嬉鬧著，活在當下，是他們最好的寫照。

從Cobán轉往Lanquín時，一路上都是丘陵地形，許多當地人背著大包小包走在路上，其中有些聽到車子經過，馬上舉起拇指想搭便車，如運氣不好，遇上客滿，他們就在豔陽下持續邁步向前。Lanquín是個迷你的小鎮，有另外一群來這裡畢業旅行的高中生，臉上年輕的笑容看起來充滿了

希望，也鼓舞了大家冒險的心。從這裡轉搭小貨車時，是與一個德國家庭共乘，一對約三十多歲的夫妻帶了一個約五歲和一個不到一歲的女兒；行約二十分鐘後，車子壞了，司機駕輕就熟地鑽到車底下修理。我們在附近東看看、西看看，一個原住民女孩晃到我們旁邊好奇地看著，她穿著過大而破舊的衣服赤腳走著，德國爸爸拿出單眼相機將她拍下，11也順手想拍德國人可愛的小女兒，沒想到這位父親竟生氣地斥責我們，比好萊塢大明星的保鏢還要誇張，「人皆生而平等」這句話，根本就是天大的謊言。等我們到達旅館，大家在雨中被分配到所屬的小木屋，聽著外頭的雨聲、喝著當地的Super Cola，配著玉米片和番茄夾心的麵包，這是今天的晚餐，祈禱明天會是大晴天。

　　一整夜的雨讓路上泥濘不堪，旁邊的河流如同滾滾黃河，我懷疑Semuc Champey的美會不會因此打了折扣。我們一行聽著年輕導遊沿路介紹一旁的動植物與風景，他一直以「等一下就要下水玩了」來鼓勵我們往山上爬。當距離頂端還有一半路程時，已可從空中鳥瞰位於河谷中，如同翡翠一般的Semuc Champey；這宛若仙境的美景是由於Cahabón河流經此處時，因地形因素而鑽到了地面以下，上方地面則因泉水與石灰岩的化學作用，造就了這如同九寨溝的海子美景，觀光客可以直接跳進池子裡游泳，這裡是熱愛戶外運動者夢寐以求的地方。

04 命大才能回得來的冒險

　　Semuc Champey完全沒和上游又黃又髒的河水同流合污，大夥兒換下衣物後，導遊帶著我們撲通一聲跳進池子裡。在一個個池子間移動最好是靠游泳，一來是池子旁的石頭實在太滑、不好走，二來是誰也不想離開清涼的泉水。有些池子上下落差達三公尺，經驗豐富的導遊就帶著我們「溜滑梯」，

藉著青苔，我們像是坐上滑水道，一個接一個往下衝，有時還會有幾段騰空而掉進池水中；我和11的泳技並不算太好，但現場歡樂的氣氛感染了我們，讓我們忘卻恐懼。導遊發現每個人似乎水性都不賴，決定帶我們拜訪他的私房景點。在倒數第二個池子時，他如同魚一般先潛進水底探路，約一分鐘後，他從進去位置的左方十公尺處游了出來，頭一擺要我們一個個跟著他進去；閉眼在水下往前游五秒後，導遊拍了下我的肩要我站起來，我因為比

較高，得仰著頭，面朝上方的石壁，但仍可從眼角看到陽光正從剛剛游進來的方向透了進來，透過水波反射，有種魔幻，似非在人間的感覺。接著一行人繼續在狹窄的通道往前走，就在感覺到裡面空氣不太足夠時，導遊開始要大家往外頭游，我們一個個往深處游以避開上方的石頭，幾秒鐘後，身體從池子中心冒了出來，我們再次回到了現實世界，大家不約而同因完成了剛剛的冒險開心地笑了起來。

旅程第二階段是漂漂河，所有人回到旅館跟著導遊拿著游泳圈來到河邊，先把拖鞋穿在手上後，一屁股坐進泳圈中間，導遊大腳一踢，我們就順著河水漂了起來。因為河流中有些或大或小的

岩石，我們以手當作槳來調整方向；暖呼呼的陽光照在身上，屁股卻泡在冰涼的河水中，感覺相當奇特有趣。短短十分鐘後，我們就像在秀姑巒溪泛舟到長虹橋時，得跳下船踩著爛泥上岸。回到旅館前的木橋上，導遊鼓勵我們跟著他跳下高達五公尺的河水，底下的河流早因泥沙看不清楚是否安全，仍有一半團員興奮地跳下去。

　　享用完美味但份量不太夠的午餐後，我們轉往河對岸的「瑪麗亞山洞 (Grutas Las Marias)」，我先傻乎乎地問導遊要不要穿上衣服，他大笑地跟我說「當然不用呀！」這點似乎和我們旅程中搜集到的資訊不同，沒多想的我穿著海灘褲、踩著夾腳拖跟著大家往山洞走去。

　　上午的導遊僅走到了山洞前的小亭子，一派輕鬆地祝福我們順利，另一位較魁梧的當地人接替了他的工作，這位導遊頭上綁了頭帶，上面還有好幾支白蠟燭，我得說還挺像日本漫畫裡的鬼，而這蠟燭可不馬虎，純手工製作、燭芯是由四至五條線組成。導遊邊往前走邊分給我們一人一支蠟燭，一直走到了個大水窟前，左手邊是一個深不見底的山洞，裡面的水像是河流般不停地往外流，還在下方形成了個小瀑布，原來這裡就是洞穴入口。涉水越走越深，心情也緊張了起來，等到前面的隊員開始游泳時，我心想不妙，趕緊回頭提醒11要跟好，便跟著大家手忙腳亂地把拖鞋拿在手上，用抬頭蛙的姿勢往黑暗游去，一手拿著蠟燭，一手抓著拖鞋，我們以緩慢的速度前進，有時不得不扶著旁邊岩石時，卻常被尖銳的表面割到，而在腳仍無法踩到底的情況下，只能忍痛繼續用手指抓著。每到可以站起來脫離冰冷河水時，我和幾個比較瘦的隊員，牙齒不約而同地開始打顫，我懷疑自己是否參加了《飢餓遊戲》？

　　整個過程,我們就是不斷地追著前面的隊伍,導遊似乎偶爾忘了我們的存在。有時我們得貼著地面,手腳並用匍匐爬著,這時旁邊還是湍急的河水,我完全不敢想像掉下去會如何;經過一處小瀑布時,導遊指著一個用童軍繩做的樓梯要我們往上爬,上面有個池子,從深處流出的水沖著我們的腳,如果滑倒勢必會栽進後方的瀑布。到了上方的小池子時,導遊要大家拿著蠟燭往上照,他用猴子般敏捷的身手,一溜煙地爬到將近三層樓高處,以極為戲劇性的方式縱身跳進我們面前的池子,實在太危險了,可是在他的鼓勵之下,仍有個曼妙身材的荷蘭女生決定一試,緊接著又有兩個人嘗試,幸好最後全體隊員都安全無事。

　　此刻,我和11的手腳都已被礁石割傷,我開始默唸起「觀世音菩薩」,祈求這趟旅程能夠安全地快點結束;還在分心思考時,眼前又是一個天然溜滑梯等著我們,又冷又餓的我一溜下去栽進了水裡,手裡的蠟燭再次熄滅;我和11不停地跟那位荷蘭人借火,她水性極佳,又熱心地幾次從隊伍前頭回來解救我們隊伍後方的四、五個人,當時她在我眼裡,就像《魔戒》中的精靈女王,只是穿著比基尼。每次要重新點燃蠟燭時,手因冰冷不受控制而顫抖,加上燭芯溼了,每次都得花上三十秒才能把蠟燭點好,可是不到五分鐘蠟燭又因跳水而熄滅。

　　大概一個半小時後,11共滅頂了兩次,分別被我和墨西哥人拉起,我不知道已經呼喚了幾次佛祖和基督的名字,可是冒險沒有絲毫結束的跡象。這時最大的挑戰來了,我們來到一個剛好人可以鑽過去的洞,我下半身還泡在水裡,身體和牙齒不知是因為害怕還是寒冷而顫抖不停,一旁美國的豐腴女生,竟然全身泡在水裡悠哉地飄著,還邀我和旁邊也很瘦的美國男生一起。

八、瓜地馬拉　一腳踏入馬雅世界的奇幻冒險

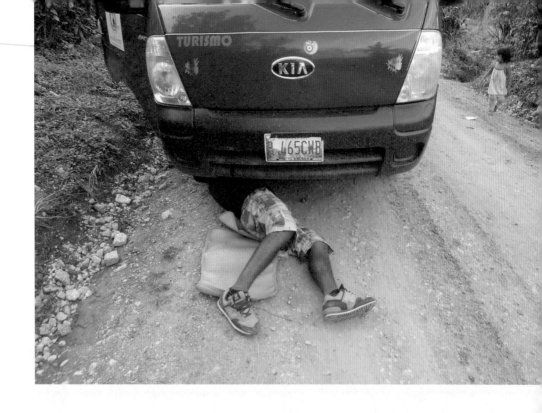

這個「洞」後方傳來震耳欲聾的水聲，導遊教我們腳先過去，接著順著水往下跳，就像在水上樂園鑽進滑水道的方式，一掉進底下的水池後，要往「左邊」游，大概十公尺後就可以上岸；我和11心早就涼了一半，很想知道導遊是不是在開玩笑。幸好導遊還算有良心，請前面兩三個熟黯水性的男生幫忙引導11，我就得自力救濟了。我仍清晰地記得，在我要坐進洞裡的那一刻，好像可以感覺到腎上腺素正急速分泌中，大概有二十秒的時間，我腦袋空白依靠直覺行事，等到摸黑循聲爬上岸時，我決心更珍惜自己的生命。

　　滿身是傷又飽受驚嚇的我們，經過近兩小時的冒險，又回到了入口的小亭子，我抬頭一看，才發現這裡寫著一個牌子「拜訪山洞，安危自負」(Visit the caves at your own risk)，所以若出了事，算是我們粗心囉？！回旅館後才知道，因為我們正巧在連日大雨過後遊玩，裡面早就淹水了，像貽安和秉琪

三個月前來拜訪時，進山洞但連腳都沒有溼。當我正納悶佛祖和菩薩怎麼沒有第一時間來幫忙時，想起這個山洞的名字，原來，是我叫錯神來幫忙了。

中美洲受限於先天環境，觀光發展不如南美洲大國，比起有良善規劃的歐美大國更是天與地的差別；也是因為如此，這裡觀光客人數不多，來到這裡的觀光客，反而可趁機喘口氣，好好享受這裡具備原始刺激感的戶外活動。不過畢竟安全第一，真準備來這裡的話，保險額度就保高一些吧。

05 生命的印記—安地瓜

來中美之前，11想起她在研究所擔任助教時，班上有個很會說中文的瓜地馬拉學生Eric，透過學校的接洽，我們終於和他聯絡上。他和他在中正大學的馬來西亞華人學妹佩佩，婚後已搬回瓜地馬拉。得知中正校友要來訪，他們馬上爽快地答應，並和我們約定在安地瓜 (Antigua) 碰面，歷劫重生後的我和11，正需要朋友的溫暖。

雖然我們彼此從沒正式說過話，但那種一見如故的感覺至今仍難以忘懷。Eric的中文程度和謙恭的態度，乍看之下，以為他是臺灣的原住民；而溫柔又體貼的佩佩，是個典型的馬來西亞華人，脾氣好又樂於助人。Eric夫妻從我們出發前，就已經囑咐我們非常多要注意的事；因為Eric在臺灣待了將近八年，他知道「食物」對於安撫臺灣人心中的不安或激勵我們向前有多麼重要。在之前聯絡的信中，他即強烈建議我們可以先把一些臺灣食材、零食寄到大使館，以便屆時可以一解鄉愁。和他們夫妻相處的整個過程，我和11都覺得他們很多方面比我們還「臺」，更開心自己的國家被別的國家的人喜愛與懷念。

　　Eric對於自己國家「愛之深責之切」的心情表露無遺。第一天晚上我們去吃瓜地馬拉著名的炸雞店Pollo Campero，這家已經成立超過40年的炸雞店，遍佈於整個拉美地區、美國等地，現在甚至連印度、印尼與中國都有，是少數中美洲的跨國企業，這裡的價格是臺灣速食店的兩倍，在當地算是中高級的餐廳。喜愛炸雞的Eric，先帶著我們在門口買了玉米餅，帶進裝潢華麗的速食店中，吃著比美國速食店還好吃的炸雞，Eric感嘆地說起門口的婦人，可能在店門口做了一輩子生意，卻從沒吃過這裡的食物。這些辛苦的廣大低下階層的人們，長久僅吃澱粉和高糖分的飲料，導致他們多數人外表看起來壯碩，其實只是虛胖，往往一生病就十分嚴重。今日馬雅人雖仍保留著淳樸敦厚與安貧樂道，不過生活已在時代變遷下走樣。

　　隔天一早，手藝好的佩佩帶我們上菜市場買菜，她要做馬來西亞料理與幾道臺灣味讓我們開心。對於我來說，能夠進到菜市場感受那股旺盛的生命力，總是我每趟旅行最期待的部分。得天獨厚的瓜地馬拉西南部高山區，因溫差大又有肥沃的火山土壤，讓這塊土地孕育出豐富的蔬果與各式食材，走在乾淨的市場裡，叫賣聲此起彼落，好不熱絡，突然佩佩指著一棵木瓜上的標籤，上面寫著「台農一號」，後來上網查了才知道，這就是臺灣援外實例之一，發現這點，頓時讓我感到與有榮焉。

　　被稱作最美麗的殖民城市——安地瓜，因地震和火山威脅，讓瓜國只好把首都遷到數十公里遠的瓜地馬拉市，但近年

首都治安極度惡劣，讓許多當地人又再搬回安地瓜，享受較安心的生活。午飯過後，Eric就帶著我們去爬Pacaya活火山，到了登火山口，一群孩子馬上過來兜售當拐杖用的木杆，Eric隨即把昨晚打包的炸雞與麵包分給了他們，本來孩子們拿了就要跑，Eric硬是把他們留下來，苦口婆心地鼓勵他們要回學校唸書。

八、瓜地馬拉 一腳踏入馬雅世界的奇幻冒險

我想起出國前看的《拉丁美洲：被切開的血管》一書，烏拉圭的作家將拉美普遍的宿命，以歷史觀點控訴現今所謂的歐美先進國家，她們在過去兩三百年無不利用中南美的天然資源來壯大自己的國力。這些被社會忘記的孩子，在中美洲比比皆是，教育與社會問題層出不窮。反觀在這些白人至上的遊戲規則裡，能幸運地像臺灣跳出經濟學家所稱的「依賴主義」的國家屈指可數。然而可喜的是，近年巴西崛起，搭配天不怕地不怕的委內瑞拉與醫療教育大國古巴的努力，世界舞台已輪到中南美登場。拉美，正讓人拭目以待。

　　曾在2010年噴發的Pacaya火山，瓜國政府並未增建欄杆與階梯，火山柔軟的泥土反而讓人爬起來格外吃力；聰明的當地人藉此出租馬匹，這些租賃老闆騎著馬故意發出聲音吸引我們的注意，可惜這招對背包客不管用。半路上，有個小家庭正在一棵大樹旁坐著，男主人是國家雇用的管理員，辛苦的全家就天天在這兒待命，回報任何的大小事，很難想像這樣子的生活，他們已經過了多久了。這座Pacaya火山的岩漿表面已經冷卻，所以只有一片黑色的常溫土壤。2010

年火山噴發完不久，旅行團馬上開始安排半夜出發的岩漿團 (Lava Tour)，相當有賣點。到了山頂，幾個外國人正在輪流跳進一個裂縫中拍照，這條

縫隙冒出些許白煙，進去還能感覺到熱熱的，頑皮的我也擠進去湊熱鬧；恐怖的事在兩天後發生，安地瓜發生地震，Pacaya火山旋即關閉，突然覺得自己挺命大的。

06 玉米與可樂——向三毛致敬

媽媽說我們都是玉米做的。

這也許解釋了為什麼我們天天都吃玉米餅了。我們每個基切 (Quiché) 女孩，從還沒學會走路，就已經開始幫媽媽、阿姨們把磨碎的玉米粉混著水和成麵糰，我好喜歡這玉米泥的觸感，我總趁媽媽不注意時，捏出一隻隻的可愛小雞，做不好！啪、啪、啪！雞又變回了扁扁的一片片餅皮。放在鐵板上烤著，傳來太陽曬過與玉米的香味，吃著吃著我開始幻想，雞肉大概就是這個味道吧？！

阿蒂特蘭湖畔曾是媽媽美麗的家，但現在我和媽媽住在看不到這大湖的小鎮裡。我想知道其他家人到哪裡去了，媽媽總說他們都已成為守護神，時時在看顧著我。我問，唱歌的鳥兒，是你嗎？鄰家的小狗，是你嗎？

基切人和其他馬雅部落相同，我們相信每個人都有個守護神，這個守護神將會一直看顧我們，直到我們準備好成為祂們為止。聽媽媽說，她的守護神是一種平和又有靈性的水鳥，不過媽媽說，因為這種鳥不喜歡由白人帶來的黑色大魚，再加上湖畔多了好多喜歡抽很臭的菸草，還都到白天才睡的年輕白人，所以水鳥們就決定離開這裡了。我著急地問著媽媽，那她以後變回水鳥之後要怎麼找其他同伴呢？媽媽笑著要我別傻了，她指著遠處的錐形山同我說，大地之母吐著氣的地方，就是我們基切守護神約定再相聚之處。

媽媽和我獨自住在一間泥土和玉米梗築成的小房子，下雨天總因為屋頂漏水滴滴答答的聲音讓我睡不著，但我還是好喜歡這窄窄又帶著泥土味的小世界。夜裡，不甘寂寞的風偶爾會鑽進房子裡，把燭火捉弄得忽明忽滅，媽媽開始和我說著她小時候聽的一個個傳說故事，聽著我們的英雄伊龍打敗來自陸地另一端軍隊的故事，在媽媽身旁的我，覺得一點都不寒冷了。

一早，我手裡拿著昨晚媽媽和我編的手鍊，穿上羊毛織的厚重衣服，媽媽說我好漂亮，希望今天能夠大豐收。賣手鍊可不簡單，媽媽編一條要花半小時，我則需要一個小時，一條手鍊賣一塊錢，賣兩條的錢才夠我買一罐可樂。媽媽說喝可樂對身體不好，但偏偏水又比可樂貴，我實在好喜歡那甜甜的、會讓喉嚨有種刺刺感覺的黑色汽泡水。

湖畔旁的小山丘上藏著媽媽的童年記憶，一口常年湧出清甜的泉水，是媽媽與童年玩伴最愛的飲料。現在那裏已經築起高高的圍牆，外頭掛上了可樂公司的招牌。要是他們能把整個阿蒂特蘭湖的湖水也都變成可樂該有多好？

我現在七歲，夢想是開間雜貨店，因為這樣，我就有喝不完的可樂了。如果你也到我的部落來旅遊時，請要記得買條手鍊或是買罐可樂給我唷！

07 手工藝市場的友誼與希望

從安地瓜往西邊走會進入高地區，這裡有個美麗的阿蒂特蘭 (Atitlán) 湖，翻越過湖旁的山坡就是熱鬧的奇奇卡斯特南戈 (Chichicastenango) 市集，這裡是基切原住民的大本營。在西班牙人入侵後，身為馬雅一支的他們生活驟變，從原來的自給自足到今日的貧窮邊緣。瓜地馬拉作家，也是諾貝爾文學得主阿斯圖里亞斯 (Asturias) 所著《玉米人》一書，寫到馬雅人認為人死後回歸塵土，玉米就在這片土地滋養下結實纍纍。對他們來說，買賣玉米就像是販售自己的祖先，是天理不容的行為；如此敬天尊地的傳統概念，在殖民主義下全然分崩離析。瓜地馬拉和墨西哥與世界多國都在所謂的「自由貿易」下，接受美國傾銷的便宜玉米，當地人反倒去做工賺錢來買這些食物與其他生活必需品，耗時費工的手工藝品成為大部分人謀生的工

具，可是整個露天市集中，大家販售的東西太過雷同，善良的原住民在刀刀見骨的殺價下，收支總無法打平。《玉米》中描述著一位母親因為身體虛弱沒有奶水，也沒有錢買牛奶給孩子吃，只好重複煮著無味的咖啡來餵自己的孩子，這些現況仍存在，如此的世界讓人無法視而不見。

一陣天旋地轉的小巴之旅，加上天氣變化大，讓本來身體微恙的11臉色更顯蒼白，佩佩的按摩舒緩了她些許的不適感。我們的小巴與其他的車輛，進入蔬果產區奇奇卡斯特南戈前，因檢疫皆需停車檢查。道路兩旁蒼鬱的森林，讓政治人物的競選看板顯得唐突。抵達之後，僅在週四、週日營業的市集早已吸引無數的攤販、當地民眾與觀光客，從木製面具、天主教相關飾品、紡織品、紀念品、花卉、食物等應有盡有，各式鮮豔無比的色彩就像顏料，裝飾了如畫布般潔白的教堂，孩子們四處遊走，兜售手鍊小飾物，年紀大些的女孩穿著傳統服飾，將精緻的織布放在肩上，走在路上叫賣，其令人眼花撩亂的程度，絲毫不遜於伊斯坦堡的有蓋大市集，好比一場擁有無限魅力的中美洲嘉年華。

佩佩到瓜國不到半年，已說得一口流利的西語，她的親和有種魅力，本來只是和一兩個小販聊天的她，一旁聚集了越來越多的女孩與婦人，佩佩先詢問她們的家庭狀況，熟稔之後，她與她們談到了生計問題，也建議她們可試著做些不一樣的手工藝或工作，畢竟供過於求的手工藝品不會有好價格。一個婦人回答：「可是我不知道我還能做什麼，我家裡有好多孩子得養，不然這樣，你來你教教我們做其他的事吧？！」其他婦人也都認同地點點頭，然而這些職訓計畫得有長久與縝密的規劃，佩佩也開始思考也許能結合教會的力量來幫助這群婦女，期待瓜國政府可以更努力肩負起自己應有的責任。

八、瓜地馬拉　一腳踏入馬雅世界的奇幻冒險

　　中午我們在市場吃湯麵，佩佩買了顆酪梨教我們把果肉加到湯裡，這種中美洲特有的吃法既特別又好吃，而且酪梨在當地價格不高且富營養，我在瓜國期間幾乎天天吃。瓜國還有些臺資投資食品業，如當地最大的泡麵廠商Laky Man就是一例，據Eric說這是家有良心的企業，不像一般企業趁別的國家急需發展時，大肆破壞、消耗他國的環境與資源，Laky Man反而建立一套合理的薪資結構，讓瓜國總把這家公司視作標竿企業。近年來從墨西哥偷渡入境的便宜商品，使食安成了大問題，但低廉的價格，還是讓這些食品漸漸進入中下階層的家中，受害最深的仍是這群辛苦弱勢的民眾。就在我們離開市集前，佩佩和11與一個八歲的小女孩聊了起來，女孩大方分享了自己的生意經，她指著一群從身邊經過的歐美老人團，她說這種人往往下車拍照半小時又再坐回巴士上快閃。女孩和其他當地人就如同動物園內的珍奇異獸，眼神空洞木然地看著前方，不在乎一旁發生了什麼事，聽小女孩說話那副老成的樣子，心疼她那麼小就得面臨現實的殘酷。

女孩說自己的夢想是當老師，因為她相信這樣可以幫助更多像她這樣的孩子，讓他們有機會到學校唸書，這個夢想雖遙遠卻偉大！我又再次盼望奇蹟降臨。分離的時間到了，女孩拉著佩佩和11的手，要她們一定要回來看她，她留下市集內某家小吃攤的電話，她說老闆娘人很好，會替她留訊息，只要我們下次來之前先打電話通知她，她一定會想辦法和我們碰面。坐上車

後我閉上眼睛，彷彿已經看到一個滿手拿著手工藝品的小女孩，正在巴士站引頸等待朋友的到來。孩子，祝福你美夢成真！

08 六塊錢的石頭

我們在傍晚抵達了瓜國第二大城薛拉 (Xela)，其正式名稱為克薩爾特南戈 (Quetzaltenango)。因薛拉位於2300公尺高地上，舒適的溫度讓我愛上了這個城市，拜訪這個城市是因一個特別的任務。

薛拉當地有間連鎖的麵包店叫做Xela Pan，Pan是麵包的西班牙文，其發音就像「棒」，日文即從拉丁文借了這個字，在日據時代臺語也加入了這個字。這間麵包店的麵包價格便宜、新鮮又好吃，其中一款叫做「石頭 (Piedra)」的肉桂味巧克力麵包，據說是當地孩子的最愛。為了那個特別的任

務，經過Eric與麵包店協調後，翌日一早我們將到各分店去取120顆石頭。

　　居民超過九成為天主教徒的瓜地馬拉，對於其他宗教的容忍度卻非常的低。Eric以自身為例，小時候他們全家都是天主教徒，他小學時班上有個基督徒，全班同學一起霸凌他，這種校園暴力行為卻是被部分學校老師，甚至大多數加害者家長所允許的，這個現象至今仍沒有改善的跡象。一位住在薛拉的基督教牧師，為了想保護這群孩子們，於是在山上找了塊地開始辦學。Eric到了臺灣，與佩佩一同加入了基督教，知道我和11的夢想計畫後，他主動聯繫了這所學校，希望我們可以帶給這群孩子一些正面的力量與鼓勵，於是每個僅台幣六塊錢的「石頭」麵包，成為我們最適合的伴手禮。

　　一位開著老爺計程車的司機，知道我們當天的任務後，給了我們友情價，他盡責地載著我們於上班時間在薛拉市區東奔西跑，等到終於湊齊120顆石頭時，老爺車開始吃力地駛向山上。在校門口等了十分鐘後，一輛滿載孩子與老師的美國舊校車以緩速爬上了坡，車子裡的孩子喧鬧聲傳了出來，一雙雙好奇的眼睛緊盯著我們，但臉上都掛著大大的笑容，看得出來，對這群孩子們來說，到學校上課是多麼開心的一件事！

　　帶著一頂牛仔帽的牧師客氣地向我們致上歡迎之意，他非常開心再次有臺灣的朋友來訪；一問之下，原來這所學校是由臺灣知名企業家所捐助，可是因瓜國的貪汙與效率問題，最後當地工程單位拿了錢，卻僅完成學校的60%。越來越多的學生，讓教室已經不足，加上校車只有一台，所以學校只好安排四年級以下早上上課，下午換成五年級至國中的學生來上課。又因為缺乏政府的補助，以及部分家長對於孩子教育不甚在意，造成了普遍性的拖繳學費問題，學校的未來也岌岌可危。學校並沒有讓學生承擔這些經濟上

的壓力，校方了解孩子來上課
是他們農閒之餘最大的享受，
學校的老師大多為熱血的年輕
人，他們表示雖然這裡只有微
薄的薪水，卻能讓他們為改變
這群孩子的未來而努力。一位
老師在下課時彈著吉他和孩子
唱著歌，其他的則和孩子一同
打籃球、踢足球，有了這群真
心為孩子付出的老師，我想孩
子們是幸福的。在我們將一個

個石頭分給孩子時，他們有些靦腆地親了我們一下、有些給了我們大大的擁
抱，那份真摯的情誼，至今依然溫暖著我們的心。等孩子們開始和我們熟了
之後，我高大的身體成了他們的玩具，大家輪流在我身上爬來爬去，11也開
心地陪孩子打籃球，當我問他們這石頭好不好吃時，他們不顧嘴裡有食物，
滿足地對我笑著說：「超好吃的！」

六塊錢能做什麼？它能讓我們知道「知足」的重要。

09 世界永遠的朋友

聽很多人提過「一趟旅行，真正能在心裡留下些什麼的，其實是旅途
上遇到的人。」在墨西哥的San Cristóbal de las Casas，我們在雨中遇到了
兩個臺灣女生。Cindy有天覺得厭倦了工作，決定放下一切到墨西哥和瓜地

馬拉走走，這裡的風土民情讓她著迷，她一待就是好幾個月。另一個是我臺中二中小幾屆的學妹，她本來到加拿大打工，但工作實在太難找，於是先飛到物價相對低廉的中美洲旅行，在預算用完之際，她不顧家人的反對以及經濟制裁，決定積極去找當地打工換宿的機會。當我們碰面時，她正幫一間擁有自己農場的有機餐廳工作。她每天得花上單程一個小時的交通到田裡，在那裡工作六小時之後，再伴著夕陽回來，餐廳卻只供應兩餐的蔬食料理。見面後我發現她的腳後跟早已因下田而龜裂，走路還一跛一跛的，可是她眼裡仍是閃耀著那不畏困難的光芒，對自己的決定充滿著信心與喜悅。一年後，Cindy在旅途遇到了她的夢中情人，嫁到了墨西哥，而學妹則在回台後，再轉往越南工作去了。

從她們身上，我看到這一代的年輕人，正努力在世界各角落形塑「臺灣人」的樣貌，台灣精神與價值正一點一滴地形成中。

與薛拉回到安地瓜後，11因工作因素得先回臺灣，我將獨自一人縱走中美。在安地瓜這幾天，我們又遇到一個臺灣女生Wendy，她簡直就是《享受吧！一個人的旅行》中茱莉亞羅勃茲的翻版。在感情和工作到了一個階段後，她遠赴自己的夢想之地——拉丁美洲，在這裡前幾個

月的日子裡，她說自己是在「學過生活」，她每天與一個自己很談得來的西語老師學兩小時西語，其他時間在安地瓜探險、找間咖啡廳看看書、讀讀西語，偶爾上Bar喝點小酒，更報名了騷莎 (Salsa) 課程。她跟我說，這是她這輩子第一次了解到，原來，生活態度是可以自己選的。我準備開始中美洲巴士之旅前，她送給我《百年孤寂》一書，這也點燃了我對中南美歷史、文化、社會之著迷。

另一位在美國念書的朋友James，之前也曾在安地瓜學過西語，當時他的Host Mother是位洗衣店的老闆娘，對待James就像家人一般，當James得知我人在安地瓜時，特別囑咐我一個超級任務，希望我能去送點小禮物給這位女士。於是我買了顆哈密瓜，找出行李中的茶包和故宮出品的小禮物，在大熱天裡到處問路，花了半個多小時終於找到，這位Host Mother對於這個驚喜開心得不得了。敦厚與念舊的臺灣人本性，成為外國人對我們的普遍印象。

臺灣的外交部與國合會，過去幾十年來也不斷地試著用各種方法幫助我們的友邦，從農業到重大的基礎建設等。Eric和佩佩在我們一同返回安地瓜前，就帶著我們先赴首都拜訪大使館的陳參事，經由他的介紹，我這才知道臺灣的援助已經漸漸有了口碑，從接受美援到對世界伸出援手，我們盡力希望在完成政治目的之餘，也能成為友邦民眾生命中的天使。舉例來說，中美洲許多大使館都有認領當地的孤兒院，給予協助，反觀在臺灣的我們，對於友邦又有多少的認識？在地球村概念逐步實現的今日，該是打開我們心胸的時候了，當我們無私付出的同時，我們的善良本性將走進他們的內心，真正成為世界永遠的朋友。

九、薩爾瓦多
資本主義下可貴的平凡

01 恐怖旅社

告別了瓜地馬拉,瘋狂的縱跨中美洲巴士旅即將登場。

在中美洲國家跨越國界,一直都不是件簡單的事。頭班車我決定先選擇比較貴的Tica Bus搭乘,因為經驗老到的巴士公司,大多可以處理好各個海關,省下不少時間和麻煩。花了10美金搭計程車從安地瓜回到首都,雖然那時是中午十二點,計程車司機還是特別交代,要我待在巴士站內別出來亂走以策安全。巴士準時發車,傍晚時抵達邊界,但車上一位黑人乘客引起海關人員注意,以致將整車扣留一個多小時,眼看太陽已經西沉,看來待會兒得摸黑在薩爾瓦多邊界城市Ahuachapán找旅館了。

一小時後,我獨自一人站在城市邊緣,一位老伯剛好在路邊等車,我便問他是否知道哪裡有便宜的旅館,他點點頭,表示可幫我。三分鐘後我們攔到一輛三輪計程車,他對司機說了幾句話,車子就出發了,到了一間普通的民宅前,我探頭看了一下,雖不太滿意,但實在不知道下一間是否更好,而且這家旅館單人房一晚才美金六元,我轉頭和那位老伯大聲地說謝謝,他也帶著助人成功的開心微笑離開。

走進如同工廠的房子,映入眼簾的是水泥地面,木板隔間且燈光昏暗。

　　微胖的薩爾瓦多太太領著我進入房間，一間大概四坪大的房間，左側是盥洗室和廁所，右側擺著一張床，兩側僅有半堵牆隔著，沒有天花板，所以能直接看到鐵皮屋頂，隔壁房間的一舉一動都聽得一清二楚。這裡就像小時候看台灣電視劇中五六零年代的茶店。床上鋪著感覺洗到快破的床單，以及剛進門時那位太太放在我床上的兩疊衛生紙、一塊香皂與一條薄棉被，我和棉被上米奇的眼睛對看了三十秒，摸摸鼻子，接受了這個命運。

　　轉開唯一的蓮蓬頭開關，冰涼水注沖了出來，打了個冷顫後，暑氣全消。我啃了幾塊餅乾，躺在床上，想悠閒的看個電視，但隔壁的電視聲大到聽不清楚自己電視的聲音。這裡不愧被稱為是美國人的後院，一半以上的節目都來自美國，不過這也讓我消磨好一會兒時間。就在我正昏昏欲睡時，感

覺床上好像有東西在動，仔細一看，一隻如同菜蟲大的白色小蟲蠕動著，我立刻馬上把牠拍掉忖度牠是從哪裡來的；過了半小時，又看到一隻蟲出現在床上，我開始尋找到底蟲是從哪裡來的，看來看去，推測牠們都是從舊屋頂上掉下來的。此刻靜謐的深夜裡，遠處傳來狗吠的聲音，我唯一的選擇還是得待下來；我牙一橫，決定把全部的衣服和用品都塞進大背包中，再套上雨套，穿著內褲縮在床上的小角落，再將手機鬧鐘轉成每小時響一次，在睡與醒之間往復5次後，天色漸漸變亮，我再度重獲新生。

02 世界最美的花

　　將近20個小時沒吃正餐，我洗了個澡後出去覓食；這時外頭早已不像前一天夜晚的死寂。熙熙攘攘的街道上，充斥著攤販的叫賣聲，附近公園裡一邊是個老人會活動，另一頭有高中生在練習樂隊，氣氛十分融洽、有趣又熱鬧。我找到間外表看起來有點類似美而美的早餐店，邊吃邊開始我的薩爾瓦多體驗。我發現這裡無論是店員或是顧客，他們的步調匆忙，又不失秩序，有些近似台灣人的生活；不過早餐的內容則相去甚遠，這裡大

多數人會點一道Pupusa，也就是將玉米泥包紅豆餡再下去煎的玉米餅，吃起來和我們過年吃的粿有些類似。後來我得知男人彼此之間會用Pupusa來稱呼薩爾瓦多女生。

在薩爾瓦多西部有條著名的花之路 (La Ruta de Las Flores)，以幾個城鎮連成一路的花團錦簇聞名。我所在的Ahuachapán就是這條路的西界，

這裡沒看到幾朵花，反倒是牆上時常可見一系列有著滑稽卻鮮豔的人物裝飾，整個城市因為這些壁畫而充滿了輕鬆愉快的氛圍。之前在三毛書中看到的「青鳥」巴士，其實都是從美國來的退役校車，它們在中美洲可是肩負著各國國內運輸的重要使命；天性活潑的中美人，運用天馬行空的創意，將這些巴士從本來的黃色變成一件件具有風格又獨一無二的藝術品，但是華麗的外觀無法美化引擎老舊的問題。拋開一切擔憂，我跳上一部青鳥巴士，開始了花之路的拜訪。

我第一站到訪的城鎮是Apaneca，走了小鎮一圈，眺望了遠處山上如同比利時鬆餅一格一格的咖啡田，隨即轉往下一個城市，沿路風景和台灣中低海拔的產業道路有些類似，不過沿路上卻沒看到主角——

花朵，它們都上哪兒去了。過了中午，我抵達了Juayua，炎熱的天氣，讓我下車後直接躲進看到的第一家旅館，這間看起來頗有規模和歷史的旅館，十張床的宿舍房，每晚僅要價八美元，這天我是房間裡唯一的客人。

　　Juayua以週末的異國美食攤位聞名，但我到的時間是週五，所以我先閒晃到附近的超市買東西吃。坐在路邊的公園，看著為了隔天活動所架設的長棚子。我買了果汁和兩公升牛奶，買回來才想起旅館沒有冰箱；我的腸胃在瓜地馬拉最後幾天已經不太舒服，但我還是一口氣喝光牛奶，接下來的半天，自尋煩惱的我幾乎都待在房間的廁所裡。令人尷尬的是這間廁所其實只用一層布簾和房間區隔，不要說隔音效果，連氣味和聲音都如同演唱會搖滾區般刺激，我心想隔天早上一定要換到十四美金的單人房，畢竟晚上進進出出廁所好幾回可不是辦法。第二天拖著孱弱的身體起床後，肚子危機似乎稍微解除，便打消了換房間的念頭。

　　週六的Juayua湧入了周邊城鎮的民眾，搖身一變，成為熱鬧非凡的休閒遊樂區。大家攜家帶眷開開心心來這裡吃東西，還有兩三位看起來似乎是老牌歌手穿梭其間；一位風情萬種的中年拉丁歌手與正在享用美食的遊客，彼此幽默地互動著，透過他們的對話，我得知有些民眾甚至來自鄰近的宏都拉斯與瓜地馬拉。看著大家大啖五花八門的食物，顧慮到目前的身體狀況，我還是買了簡單的食材，準備煮個蔬菜麵吃；沒想到食物

一進到胃裡面，它們又再次發出了抗議之聲，今天又得待在廁所了！直升機上的機關槍無情地開始掃射，旅館裡一位打掃阿姨發現我很虛弱，主動拿了碗高湯給我喝，第三天早上也為我準備一些簡單食物，其中包含了一份Pupusa，本來擔心吃油膩食物不好，然而我的身體卻出奇地接受了這些當地食物。離開前，我向旅館人員致謝。我納悶的是，我所住的那間房間週末竟只有我一個人，難道是旅館人員暗中協助安排。

花之路上因季節不對沒有半朵花，不過薩爾瓦多人心中那朵心花，卻友善地綻放著，並散發出宜人的清香。

九、薩爾瓦多 資本主義下可貴的平凡

03 中美洲的亞洲國家

薩爾瓦多結束內戰剛滿20年，一路上的風光與人民的好客與和善，難以讓人將現在與其過去恐怖的內戰生活做連結。薩爾瓦多人民的勤奮天性，比較起其他中美洲的國家，因國土較小且人口多，反而與東亞國家有些類似。缺乏天然資然與觀光景點的薩國，近年卻擁有比臨近國家更高的經濟成長，這其實都反映出薩國人民想改善生活的民族性與決心。

從Juayua到首都，先得在Sosonate轉車，Sosonate發音很像美國的辛辛那提，旅遊書上說兩個城市的治安巧合地一樣糟糕，所以我到轉車站後，便直接搭車前往首都。我坐在巴士的最後一排，又是一台青鳥，人高馬大的我得側身才能擠進如小學生座位擁擠的位子上。此時一位小丑抱著一個小女孩進入巴士前面唱著歌，看了好久，才看出他們是街頭藝人。坐在我前面的一個小家庭，吃著手上的零食，津津有味地看著表演；稱不上精彩的表演結束後，大家失去了興趣，紛紛轉開了頭，沒有半個人願意付小費，小丑和小女孩在悵然中下車了。前方座位的好爸爸這時開始貼心地收集全家的垃圾，接著一股腦把全部東西丟向窗外，這是中美洲常看到的奇異情形，大家知道要保持車內清潔，但維護方式就不敢恭維了。

抵達薩爾瓦多市後，我按圖索驥找到一家離隔天要搭巴士地點不遠的旅館。比起其他中南美國家，薩國的民眾忙著工作、做自己的事、照顧孩子，因此我在首都搭乘便捷的中巴南來北往，沒人會緊盯著我看；這裡幾乎沒有「無所事事」的人，這是在中美洲極為特殊的景象。走著走著，我到了Barrio大廣場前，如同其他殖民城市，廣場四周有著氣派的教堂等建築

物，正當我拍完照，把手放下時，一個距我大概五公尺遠的流浪漢，也剛舒服地在路邊撒完尿，我們兩個對看一眼，他以為我正在拍他，氣得要跑過來要打我，我狼狽地躲進旁邊的教堂裡。

　　薩爾瓦多市幾個新開發的區域，大多是以美系的超大Shopping Mall為中心建立的。炎熱的天氣，讓人險些中暑，我決定直奔其中一座Mall吹冷氣。在這裡購物的人們幾乎與美國或亞洲一些新興城市一樣，很容易讓人暫時忘記薩國的貧富差距。中美洲的人們前仆後繼想要實現自己的美國

九、薩爾瓦多　資本主義下可貴的平凡

夢，較有錢不需要移民的人，實現美國夢的方式，就是直接就把當地變成美國，這點在薩爾瓦多更是嚴重。在美國的薩爾瓦多移民，估計有兩百萬人，他們每年匯入的美金，多到讓薩國政府直接把薩國貨幣改成美金，這裡成為中美洲版波多黎各 (Puerto Rico) 的時間應該不久了。

走進這一間美國夢奇地中的一家咖啡廳，我點了咖啡和蛋糕，本來期待著咖啡的香氣，端上來的卻是一杯苦澀無味的次級品咖啡，這就是身為經濟作物出口國的宿命；桌上的蛋糕雖有著德國黑森林蛋糕的外形，味道卻比夜市賣的蛋糕還糟。我將咖啡和蛋糕留在桌上，離開這個華而不實的人造天堂，再次走進酷熱的太陽下。

回頭看臺灣，多年來，政府認定國土規劃是項無法讓人民

感受到的政績，因為吃力不討好而被忽略，然而這項影響深遠的政策，一延盪就是十幾年。幾個大都市在政府釋出國有地與建商炒作下，房價已面臨泡沫化，別說一般人買不起房子的問題，一棟棟有著歐美城市名字的漂亮水泥堡壘，讓所謂的城市印象和這些中南美國度如出一轍；想擠身一流國家的我們，除了一味學習模仿，是否應花更多時間與心力挖掘屬於我們

的文化？不過潘朵拉盒子裡留下了希望，近年在大興土木的城市裡，尚存了些文化綠洲，舊建築、舊社區、舊生活態度重生了，讓蝸居的我們有了暫時可喘口氣的地方，這點比起許多亞洲新興城市，我們似乎還算幸福的。

薩爾瓦多這個勤奮、氣候、發展都與亞洲新興地區有些類似的國家，在朝向經濟發展的大目標上，勢必得增加人文素養的成分，否則原本的淳樸人性，在長期服用資本主義這顆化學特效藥後，再嘗試回頭檢視時，會發現自己已經找不到回家的那條路了；或許，轉變較早的台灣，可把自身經驗與他們分享。

九、薩爾瓦多　資本主義下可貴的平凡

十、尼加拉瓜
殖民風情的知足門風

01 在國界討生活的人

　　近年有幾部電影討論「死亡列車」，一群懷抱淘金夢的年輕人，不顧生命危險，從中美搭巴士或火車前往美國，沿途常發生事故、黑幫介入等恐怖事件，讓人對這群追求「更好」生活人們的命運不勝唏噓。除了人的流動，毒品、武器的走私流通也尋著相同的路徑，一路向北。在美國的施壓下，各國開始加強邊防的查緝，這樣的趨勢也擴散到整個中美洲，許多人就聚集在海關辦公室附近，創造出另一種新興的產業。

　　從墨西哥跨越國境到瓜地馬拉北部後，我們被告知巴士故障，必須在當地待上兩個小時；一早從墨西哥出發的我們，到了中午時間，早已飢腸轆轆。在這兩個小時裡，並未看到司機在修理車子。我們卻因此被迫在邊界的餐廳吃了一頓簡陋而相對昂貴的餐點。餐廳老闆娘在一旁一直慫恿我們把墨西哥披索換成當地貨幣，她告訴我們入境後匯率更不好；事實上並非如此。「號稱」修理了兩個小時的巴士，在下午開到加油站時，就真的拋錨了。

　　從薩爾瓦多進入尼加拉瓜，得先穿越宏都拉斯南方窄小的國界。進入宏都拉斯時，全車的人僅需待在車上，巴士上專任的空少會幫忙蒐集大家的護照、填妥入境資料後交給海關人員。這時候，一位戴著帽子，年約20

來歲的青年，缺了一條腿，拄著拐杖，用百米的速度來回於巴士與海關辦公室間，協助空少與海關人員遞送文件，等他拿到打賞自己的零錢時，滿意的笑了起來，露出許多顆缺牙，繼續等待下一輛跨國巴士的前來。

不過從宏都拉斯入境尼加拉瓜，大家就得全部下車，領著行李進入檢查大廳，一個個由海關人員打開來檢查，每當要開始這些過程，我便會開始搜尋四周跟我背景類似的東亞與歐美旅客，我、丹麥人與兩個加拿大人漸漸形成了小團體。這種檢查，海關人員大都只是流於形式地虛晃一招，畢竟搭乘客運車的乘客會攜帶槍械與毒品或其他走私物品的機會非常低。從巴士往來檢查大廳之間，對於上了年紀的遊客來說，提行李是個很大的負擔，這時候有一對看起來才五、六年級的學生，主動幫這些人提行李，他們不是臺灣高中生發起的在火車月台幫老人拿行李的「臨時孫子」；車上一位回中美洲探親，拿著美國護照的中南美媽媽，追問其中一個孩子怎麼不去學校上課，這兩個孩子露出心煩的表情，不願意回答這個問題，最後索性不拿小費就掉頭溜了。我想起《天虹佔對小學》中主人翁的好朋友林唐，雖有過人的天資，卻因家庭環境不得不中斷學業，後來也失去改變自己人生的機會，只能延續父親苦力的人生。這位中南美媽媽的憂慮，我深感認同。

接著我計劃從尼加拉瓜的格列納達 (Granada) 沿著尼加拉瓜湖，一路往南，進入哥斯大黎加。Tica Bus的價格實在太高，我決定先搭野雞車經Rivas轉車再進入哥國，在Rivas轉車時，巴士站竟然沒有廁所，路邊的遊客一直叫我隨地便溺，我還是找了個十五公尺遠的草叢方便，卻讓我差點錯過巴士，邊跑邊拉拉鍊地追著車子。這班車是通往邊界的，車上有個婦人，開始詢問每一個乘客，並拿出準備好的入境單要幫大家代寫，一次服

務約為一美金，在當地算是不小的收入。到了邊界，一群年輕人蜂擁而至，要幫我提行李、領著我去海關，我堅持自己來，跟著人群到了海關辦公室，一樣順利辦完手續；後來我從邊界再搭上Tica Bus，此時的票價僅需1/4，精打細算的背包客可以參考。

從哥斯大黎加進入巴拿馬，是我在中美洲的最後一趟跨國之旅。無論搭乘高級或平價巴士，進入巴拿馬都必須經過嚴格的審核；所有人必須提著行李進入大樓的小房間中，由海關人員一一翻開來審視。這個有著明亮日光燈的空間，被叫到名字的乘客，得把行李搬上鐵架後打開，由海關人員帶著手套，任意翻動行李檢查，接著要求所有乘客準備好「離開」巴拿馬的車票或機票證明。其實有許多人都是已經買了機票，或是計劃搭乘巴拿馬的廉價航空離開，但因為沒有預先列印出機票收據，仍被海關人員當

作有「潛在滯留」的風險而拒絕入境。這時最
簡單的解決方式，就是向剛剛一直與海關人員
聊天，宛如莫逆之交的巴士公司人員買票。乘
客們白白買了這張多餘的票，海關人員是否會
因此受益不得而知。

在國界討生活的人各式各樣，讓在島上
的我大開眼界。

02　里昂到了中美洲

很多人認為治安好壞與國民所得所得成正
比，尼加拉瓜為中美洲所得最低的國家，治安
卻反而是最好的；尼國人民對於自由的追求更
是讓人印象深刻。我的中美之旅僅規劃一路往
南，去哪些城市則很隨性。巴士上的丹麥人和
加拿大情侶都推薦里昂 (Leon)，說她是個有趣
且美麗的城市，我索性和他們在Esteli下車，待
了一晚，四個人搭隔天一早的車轉往里昂。

當天晚上在Esteli時，我想起在台灣曾看
過的《來自咖啡產地的急件》一書，作者迪
恩‧賽康 (Dean Cycon) 是位律師，他拜訪了
許多咖啡產地，並將其中的九段故事寫出來。
迪恩一直以來致力於推動公平交易咖啡豆，我

似乎記得書中曾提到他所幫助的廠商生產的Dean's Bean咖啡豆,在里昂有
一家門市暨咖啡廳,我當晚查了查資料確認後,下定決心一定要找到這家
咖啡店支持一下。隔天我們起了個大早,搭上一班瘋狂中巴,同車一位父
親抱著的兔子不安地動來動去,兵荒馬亂中我們抵達了酷熱的里昂,為了
擺脫不斷拉客的計程車司機,我們四個人背著背包在日正當中走進市區找
旅館,安頓好後,我頭也不回地衝出去找迪恩的咖啡廳。

尼加拉瓜的里昂在空氣中的熱度,讓人意興闌珊地只想像沙漠中的蜥蜴
般緩慢移動;雖然都叫里昂,這裡和法國的里昂相差頗大,不過兩城卻有一

十、尼加拉瓜 殖民風情的知足門風

點極為類似，就是牆上豐富、精緻的壁畫。法國里昂的壁畫主題大多是選自輕鬆有趣的題材；而尼國的里昂，牆上的壁畫則大多畫著流血與革命，也許與尼國自1937至1979年所經歷的四十三年獨裁時期的歷史有關。1959年7月23日這一天，位於里昂的國家自治大學 (UNAN) 的學生醞釀已久的抗議行動達到了高峰，政府以尼國版六四的冷酷血腥鎮壓來回應，許多年輕生命就此隕落，這些不容忘卻的故事，被具有傲人繪畫天分的尼國人記錄在牆上。傍晚伴著涼意漫步於市區當中，尼國的年輕人在球場上踢著球，背後牆上先烈們的畫像似乎沒人留意，但前人為理想所種下的種子，今日尼加拉瓜的年輕人們正享受種子長成大樹後宜人的樹蔭。

迪恩的咖啡廳，似乎在炎熱的氣候下蒸發了，無論我怎麼問、怎麼找，所有人都沒聽過它，最後我只好放棄，返回旅館。在幾位外國朋友陪伴下，喝了些啤酒，聽著中美洲通的加拿大人述說著尼國城市的歷史，太陽漸漸西移，里昂的美好漸漸現身。當我站在全中美洲最大的教堂前，一對姐弟開心地坐在里昂的象徵——獅子的背上，非常有自信的告訴我，他們長大後要當醫生和老師，在這自由、開放的年代，夢，已不是奢侈品了。

03 心的格列納達

　　一個被殖民過的城市，通常連名字都仍延續著殖民母國的文化，有時這些殖民是指精神上的。像南韓為了走出中華文化的陰影，便將首都名稱從漢城改為首爾；反觀台灣，脫離日本殖民將近七十年了，許多新興的台中市景點，卻特意冠上日本名字，這種臺骨日皮的包裝手法既快又有效，改名過後，人潮一下子多了好幾倍，然而這種炒短線而不深耕的政治操作模式，似乎正是臺灣久久找不到自己定位的主因之一。

　　西班牙南部的格列納達 (Granada)，山頭上皚皚白雪襯著阿拉伯式城堡，美得令人屏息。而尼加拉瓜的格列納達，雪山換成了火山、大教堂取代了城堡，城市正前方的尼加拉瓜湖，巧妙地讓這城市呈現出鮮明的個性。當地人怡然自得、慢活的生活特色，雖無西班牙文化加持，仍從裡到外都散發出台灣少有的自信魅力。原本我計劃在里昂參加火山上衝沙的活動，沒想到五月初碰到尼加拉瓜地震，搖醒了許多火山，大部分關於火山的活動都停擺了，當下決定直接從里昂轉車前往格列納達，如此一來，勢必得經由尼國首都瑪納瓜 (Managua) 轉車，加拿大情侶提醒我超過十次，一定要提防那裡的囂張又不講理的巴士掮客。隔天我獨自到里昂巴士站與當地人肩並肩，等著前往瑪納瓜的巴士，溫度高得嚇人的熱浪再次襲擊在棚子下等車的人們，一個個婦人小販拿著袋裝水、各式零食兜售，稍微紓解了大家的不舒適

感。但腸胃孱弱的我還是小心為宜。本來十五分鐘就一班的小巴，這一天班次卻意外的少，一小時後，終於在當地人的協助下，將高大的我和過大的背包一起塞進了箱型車中。所有乘客因路況不佳且高溫都昏昏欲睡，我看到不遠處的火山正冒著煙，似乎在招喚我跳入一旁的瑪納瓜湖。一個半小時後，巴士駛入人聲鼎沸的首都，我跟著大家在巴士轉運站下了車；還沒弄清楚狀況，背包就被接走，我立即追了過去，此時背包已被丟入另一輛小巴士上，我還來不及著急時，才發現這輛車正要開往格列納達，拿了我包包的青年覿睇一笑，我猜他已了解大部分背包客的行程，我有些抱歉地向他點頭致謝，然後跳上了巴士，汗顏著自己先入為主的成見。

又是一個半小時過去，巴士緩緩駛進綠樹成蔭的格列納達大公園，公園中的小販賣著一些小點心，老闆們漫不經心地在樹蔭下聊天，幾輛馬車停在路邊等待觀光客，駕駛們同樣也在乘涼休息，看著這樣舒暢詳和的畫面，我

短暫地沉浸在這樣的氛圍中。我選擇住進一間法國人經營的民宿，老闆年輕時來到這裡旅行，愛上了當地女孩，就此展開新的人生。幾天以來，感受到他們全家人親切的態度，高盧人的驕傲已被尼加拉瓜的親和給融化了。他們可愛的八歲女兒，邊說著法文與西班牙文，邊翩翩起舞著告訴我，她想當舞者。

十、尼加拉瓜　殖民風情的知足門風

　　我又晃到了舒服的公園，在小販的鼓勵下，嘗了酸甜的炸豬皮點心 (Chicharrón)，豬皮在辣椒與檸檬搭配之下，味道還不錯。一位年輕人靠過來，似乎想向我推銷行程；計劃在這城市閒晃的我，眉頭一皺，想置之不理，可是他誠懇的態度打動了我，看看價格不貴，也就索性參與了尼加拉瓜湖的小島之旅。

　　我和另外三個外國人在下午搭車到了湖邊換搭小船。城市東邊的尼加拉瓜湖雖湖面寬廣但水量淺，過去和今日都被考慮過開墾成為中美洲第二條運河的地點，好在迄今仍未進一步開發；2013年中國已與尼加拉瓜簽訂協議，認真規劃開闢第二條中美洲運河，果真如此的話，格列納達的純真即將終結，倒數計時已經開始。十六、十七世紀，格列納達曾是富庶之城，今日僅剩沿著湖邊殘破的碉堡，供人憑弔追昔，也因為如此，才讓格列納格保留了原

貌。上午賣行程的年輕人這時換上Polo衫，繫上皮帶，頗有專業架勢；一路上，他以非常流利的英文介紹了格列納達和整個尼加拉瓜的歷史，並提到了至今部分尼加拉瓜湖上島民所面臨的生存問題。行程中我們走訪湖上的一個家庭，人雞混住的環境，讓幾個國外訪客開始擔心起禽流感。只穿著尿布的小男孩，在一旁睜著好奇的大眼睛看著我們；木造房子後方傳來幾個玩遊戲大孩子的嬉鬧聲，他們的母親忙著削椰子給我們喝，喝完之後，導遊順手接過椰子，請婦人把椰子剖開，他示意要我拿片椰子殼刮著這些果肉吃，味道非常清甜好吃，三位外國人用力搖著頭嘗試，這到樂到了一旁的孩子。

十、尼加拉瓜　殖民風情的知足門風

太陽逐漸西下，大家對於今天的短程旅行都非常滿意，主因當然是這位博學多聞、口才又好的年輕導遊，我們邀請他一同轉往市區的熱狗店吃晚餐，美味的熱狗堡配著啤酒，好不享受。此時，年輕人娓娓道來他的成長歷程，長久以來的內戰，讓尼國基礎建設落後，貪官污吏使得國家民不聊生（後來我也從德國人所著的《孤寂的盡頭》一書得知，臺灣也為了自身的政治利益，長久在美國撐腰下，不斷地暗中資助這些政治人物）；年輕人其實本來也是小島上的孩子，和他的朋友一樣；本來他一生最大的願望就是擁有一艘自己的船，可以用來載客或捕魚。有一天，他突然覺得這一切並非他真正想要的，這種想改變自己生命的念頭，在他心頭如菌絲般越來越深入；他開始想盡各種辦法接觸外國遊客來練習英文，甚至打工賺錢，為的是去補習班上英文，終於在當了三年旅行社小弟後，成為了個合格導遊。後來談到社會層面，他非常清楚中南美國家許多男性不負責任，以致造成的單親媽媽層面，才20歲的他，紅著臉表示他本來就非常潔身自愛、絕不花心；接著，他談到了尼國的未來，自信、年輕的臉上再次充滿了光彩，他清楚了解只有尼國人自己可以真正幫助自己的國家，所以他兩年前開始趁著工作的機會，鼓勵所接觸到的貧困孩子，以自身的經驗，為他們塑造一個願景，期待孩子鼓起勇氣追求自己想要的生活，我深信尼加拉瓜的未來不是夢。

格列納達是個舊名字，但她卻散發出一股「心」的魅力，讓我的這顆旅人之心與她如此貼近；然而運河危機步步進逼，生態、文化、經濟上的衝擊令人憂心。

 # 十一、哥斯大黎加
陸海空生態樂園

01 我不負人 哥國負我

　　越過尼加拉瓜進入哥斯大黎加，這個中美洲唯一的非友邦，從2007年與臺灣斷交後，我們就得擁有美簽才能進入。哥國的建築物、人們的穿著、商店的形式等，看出哥國家在經濟發展程度上已遠遠超過尼國，看來斷交其來有自。

　　哥國交通以首都聖荷西為中心，前往大部分觀光景點幾乎都要從這裡轉車。我是從北邊進入哥國，計畫前往綠山(Monteverde)，但實在不想浪費將近一天的時間回到首都轉車，我嘗試對照著地圖找出可能的搭車路線。於是我先在Cañas下車後，計劃經Tilarán轉上綠山，當我在國界上遇到一對巴塞隆納情侶時，他們對我決定獨自在中途下車時有些擔憂。獨自下車後，我在一個鐵皮搭的公車站下等車，一個小時過去，根本沒有車要上山往Tilarán，一輛計程車靠近又熱又渴的我，他跟我說今天從Cañas往綠山的車已經沒了，要等到明天早上，並建議由他載我去便宜的旅館，等待明早一早從Cañas直接往綠山的巴士，我壓根兒覺得他是騙子，因為我手上的寂寞星球 (Lonely Planet) 可不是這

樣寫的；等我終於等到公車，抵達Tilarán後，才發現我錯怪這名司機了，當時被我誤會的他，還一直說要打電話給他在Tilarán巴士站工作的表弟證明，不過獨自旅行有時就得承擔這樣的風險。

到抵達Tilarán後，我住進了一間充滿霉味又潮濕的旅社，陰天的灰暗光線從橘色的窗簾透了進來，「早知道……我就……」的念頭興起，我決定要用食物來鼓舞自己。一間香味四溢的麵包店，一杯咖啡和可口麵包的

確能讓人心情愉悅。回到旅館後,一口氣吃下剛買的三根香蕉和一顆大木瓜,躺上這張彈簧早已鬆弛的床上,看著電視上操著西班牙語的好萊塢電影,我慢慢進入夢鄉,忘了要備份過去這兩天的照片。

　　隔天一早我拖著快要散掉的筋骨,準備搭上十點開往綠山的巴士,這種巴士是許多當地居民通勤的交通工具。一路上我看到至少三個大約才20歲的年輕女性,面容姣好的她們,有著典型中南美女性產後的臃腫身材,果然

十一、哥斯大黎加　陸海空生態樂園

她們手上都已經抱著嬰孩；我心中的遺憾，就和
《奇風歲月》裡的男主角科里從森林迷路出來後
有些類似。車行在這條未鋪柏油，左搖右晃的路
上，與周公的約會開始了。

　　不知過了多久，巴士不小心開進一個大窟
窿，我整個人彈起來而驚醒，這時才發現抱在胸
前的小背包開了，放在最上方的
相機已經不翼而飛，我馬上趴在
地板上尋找，巴士上一個老先生
也主動幫忙尋找。迄今我還是不確定相機是被偷了，還是坐
在窗邊的我讓相機因路面顛簸而飛出了窗外，最讓人難過的
是前幾天美麗的格列納達風光，十五個當地孩子的精彩夢
想，例如：戴眼鏡的小弟想當外科醫生、活潑的小女孩想當
棒球選手等，都只能存在回憶裡了。

02 一生中一定要來訪的一百個地點

　　綠山，還有另一個頗具詩意的名字「雲霧森林 (Cloud
Forest)」，這個常年被霧氣包圍的森林也是中美洲許多珍
稀鳥類的故鄉，這裡也是Canopy等極限運動的最佳場地。
Canopy就是抓著掛在森林兩邊樹上的繩索，像是鳥兒般滑翔
過一整片的森林；在以色列背包客強烈推薦下，我特地慕名
來此體驗。

不愧是觀光勝地，這裡的旅館極為類似歐洲具規模的青年旅館，他們大都提供極限運動、賞鳥行程等專業建議。遊客中心裡同樣展示出哥國生態保育的成果，讓人見識到這個「生態旅遊」翹楚國家的努力。在這裡，所有的開發都是不允許的，哥國知道「永續」是維繫生命和生意的最高指導原則；連瓜地馬拉當地都不常見的國鳥Quetzal，今日其主要棲息地竟然在哥國，這個生物樂園自然吸引了無數觀光客前來朝聖。

我預計第二天一早要前往綠山雲霧森林保護區 (Monteverde Cloud Forest Reserve)，後來因該路線的巴士壞掉而作罷，乃因要搭車就得等到隔天，這就是在中南美國家旅行的無奈。我和兩個法國人只好改往另一個

Santa Elema保護區。幸虧兩區比鄰，鳥類穿梭其中，參觀哪一個區域都一樣。到了保護區，園區賞鳥導覽要15美金，操著一口西文腔的導遊，頗具架勢地拿著望遠鏡，帶著我們走入這雲霧繚繞的森林裡。偶有陽光透過樹枝間隙灑落，雲霧森林的美神似《阿凡達》中的森林畫面。突然間導遊噤聲了，以輕巧如貓的動作架了望遠鏡，一隻罕見的小巨嘴鳥 (Toucanet) 已出現在望遠鏡中；台中的大雪山森林遊樂區也常常有一群賞鳥客，就架著一台台的相機或望遠鏡等在路邊，我一直都沒法體會賞鳥的趣味，一直到了哥國，實際經歷了那種等待的苦與看見牠們芳蹤的雀躍感，才深刻地感受到大自然的魅力既多面向又精彩。

當天下午，我和一位高大的荷蘭人還有一對阿根廷老夫妻一起參加了Canopy體驗，我們的教練都是哥國人，不到三十歲的他們，都是從首都來到這裡工作，他們操著流利的英文，自信與親切的態度讓國際遊客安心不少。每家Canopy公司提供的行程大同小異，但其中的賣點不盡相同，像是有些行程能讓人在高空以超人的姿勢滑過森林、有些還有森林樹冠層的平台可走，我參加的則有高空垂降、攀爬中空卻仍存活的百年大樹行程。最讓人回味的還是在樹木之間滑來滑去的Canopy部分；教練兩個人一組，一個人先到對面，另一人詳細檢查我們的裝備後，讓我們一個個滑過去；我注意到所有的勾環、繩索，全部是法國製的，加上他們既謹慎又有耐心，即使阿根廷的太太不斷尖叫，最後她仍十分感激地和教練擁抱，這種專業服務態度，值得正在發展觀光的我們好好學習。後來我問教練關於這裡的Canopy廠商競爭關係，他們表示各家公司彼此之間溝通順暢，大家都有共同認知如要發展觀光、吸引更多的外國遊客，就要避免削價競爭、互相攻

擊的事情，這種互相學習，一起進步的氛圍，難怪哥斯大黎加可以成為中美洲的觀光亮點。

回到台灣後，我試著查詢在臺灣開發Canopy的可能，一開始就碰上了問題，臺灣森林多，法規雜，主管機關往往難以界定，有位學者直接跟我說，Canopy如要在臺灣成氣候，沒有十年應是不可能的。每當我走訪臺灣中海拔的山林，看到獼猴、特有種的臺灣鳥類正開心地在這片天堂裡生活，雖稱不上動物樂園，但比起哥國有著更多變的地形，造就臺灣森林之特色與壯麗；如此有潛力的寶島，在觀光發展的當下，是否能更兼顧永續與發展彈性，仰賴更多有志之士集思廣益了。

03 烏龜島

哥斯大黎加被稱作生態旅遊的聖地，可說是當之無愧；一個遠在加勒比海的小島，因為政府一個聰明又正確的決定，吸引了來自世界各地的遊客接踵而至，為了一睹世上六種海龜之中的四種在這兒下蛋的奇景，也同步帶動地方的經濟發展。

離開綠山後，我搭著巴士向我的相機正式道別，包包也抱得比過去更緊了，連續好幾天打個盹都會嚇醒。下山時又是一個半小時的碎石路，沿途巴士接了許多前往首都聖荷西 (San José) 的當地人，車子花了五個小時才抵達。

一下車我又趕緊轉往另一個巴士站，要抵達小島還得再轉兩次車與一趟船。計程車司機蜂擁而上，包圍剛下巴士的我們，口裡喊著幾個大巴士站的

名字，還邊搶著幫旅客提行李。很多歐美背包客都已成群結隊，四個人一組搭車，我旁邊剛好站了對德國情侶，便跟他們打了聲招呼，一同轉搭計程車往另一個巴士站。

　　按照巴士時間，我應該趕不上前往小島的船，此時哥斯大黎加終於第一次對我表達善意，我竟意外順利地搭上了加班車；於第二段轉車時又遇到一

對美國表姐弟，大家一起在超市買些物資後，終於搭上今天的第三班巴士。烏龜！等我呀！

　　到了登船處，我與零星幾位外國人和當地人一同在沒有碼頭的河岸等了將近一小時的船。船一靠岸，當地人馬上往前衝，這時美國黑人表弟問我說，你們台灣應該也是這樣吧！我一邊翻白眼一邊在心中回應：「是呀！是呀！只要出了美國，其他都是第三世界。」

　　長舟小船一路往前進，因當時不是雨季，河流的水位明顯不足，船的馬達葉片不斷卡到河床，後來船在一個轉彎處拋錨了；四周是典型的熱帶樹林，在馬達聲停止後，我聽到了鳥類與猴子的叫聲，此時船上約有20人，像是這片樹林中最突兀的存在。船長和幾位當地人開始以無線對講機聯繫，幾個當地年輕人也跳入水中，尋找剛剛掉落的馬達葉片，此時，腦海裡浮現出電影《血蘭花》的畫面。兩個當地媽媽開始指責開船的年輕人，甚至想把對講機搶來溝通，誇張的肢體動作其實頗有喜感。船上的氣氛，因著拉美人的熱天與活力，使得煙硝味漸漸消散，大夥兒偷閒似地開始聊天、唱歌，看著黃昏降臨，太陽的光線一口口被森林吞噬，我們仍輕鬆地分著手上

的零食，一對加拿大情侶還從包包裡拿出紅酒，自在地跳上岸坐下，開始他們的浪漫行程。在進入黑夜之際，救援船終於來了。

　　船上有個英文非常好的哥斯大黎加人，從首都來這兒當英語導遊，在船上就開始介紹許多烏龜島的住宿、活動等，我隱隱感受到當地人和他之間的距離，不過最後外國人們仍接受他的建議，一同住進一間有些破舊的旅社，小島體驗之旅就此展開。

　　這間由一個小家庭經營的旅社，祖母、父母、四個兒子讓家裡總是熱熱鬧鬧的，其中最大的兒子和爸媽一點都不像，我後來推測他應該是親戚寄養的小孩，這種現象在中南美洲蠻普遍的。小學四年級的老二和我最聊得來，總是拉著我到處跑來跑去，有一天還邀我和他們全家到海邊釣魚；因為島上的居民飲食幾乎都仰賴進口，所以「釣魚」成為他們重要的休閒活動。由於當地人以魚當作蛋白質來源，故他們的身材都很苗條。當地

無法取得釣竿，他們發揮創意把釣魚線一頭纏繞在寶特瓶上，另一頭綁上鉤子和錘子，鉤子上勾住一小塊魚，左手握著瓶身，右手拉出約一尺半的線，握在離線頭約30公分處，右手開始旋轉、拋出，接著右手平舉握線、左手則控制線長。即使我把所有姿勢照做，花了一整個下午我還是兩手空空。這一家人，尤其是媽媽一尾一尾的釣上岸，後來我乾脆陪著兩歲的小兒子在岸邊踏水，同時看守被丟上岸的魚，以防被鳥撿現成的便宜。魚兒上岸時仍不斷掙扎地跳著，甩得我和兩歲小兒子全身都是沙子。一整個下午，他們鉤到了12尾約20公分的魚，走回旅社途中，大兒子又抓到兩隻小螃蟹，邊走我邊問他們，如果沒抓到魚怎麼辦，孩子們笑笑地說，那今天就不吃魚囉！明天再抓就好啦！這群孩子們的達觀和知足為我上了一課。

島上有家餐廳遠近馳名，是由當地的黑人移民所經營，主廚將雞肉、飯與椰奶一起烹煮，加上特有的辛香料，讓所有饕客吃得連一粒米都不剩。

一天下午，我飽餐回到旅館後，指著旅社牆上的海龜海報，開玩笑地問孩子說，我可以吃牠們嗎？他們馬上嚇了一跳，猛搖手跟我說不行，說烏龜是被保護的。北方的尼加拉瓜，人民總把烏龜蛋當成食物，相較之下，決心發展生態觀光的哥斯大黎加，「教育」為其成功的一大關鍵。

島上的孩子們，不知是否知道來這兒的觀光客，都是以生態為目的，因此不像其他中南美觀光區的孩子們，從很小的時候就得強迫成長，有時真的讓人相當難過。愛護動物的孩子不會變壞，從旅館二兒子對我的態度看來，我真心把他當作朋友，他也很熱情分享自己想當工程師的夢想，而他的哥哥和大弟，則分別想當廚師與卡車司機。大弟想成為卡車司機的夢想很有趣，乃因他從未離開過這個小島，若能成為美洲跨國間的卡車司機，他就能夠周遊列國，那種行駛在無邊無境道路上的景象，的確很誘人。我在島上閒晃時，遇到一個正要去上下午課的孩子，他雖然很著急，但看到我那麼想知道他的夢想，還是友善地停了下來告訴我，他想當船長。接著在森林入口處，我遇到一對小情侶，兩人是俊男美女，男生看起來頗像電影《小鬼當家》的男主角，他很頑皮地要女生跟他一樣，不要回答我，說我得送他小紀念品作為交換才可以，我一口答應他後，他馬上大方分享自己想當歌手的夢想，一旁看起來真的很有名模氣質的小女生，道出自己想當醫生的夢想。我拿出自製的明信片，當作小禮物也跟他們說，歡迎來台灣可以來找我玩，他們笑著騎著腳踏車離開。

又有個早上，我坐在岸邊看海，一個打赤膊的當地人過來跟我聊天，聊著聊著，他竟一溜煙地爬上樹去摘椰子，原來這是他的工作，一顆椰子可賣500哥斯大黎加科隆（約合台幣28元）。他還告訴我，旅社旁大約有四

層樓高的椰子樹，上面的椰子是全島最好的。幾天後，我在旅館和背包客正聊得開心時，他出現了，先和我打了聲招呼，然後靈巧地地爬上細細的樹幹，割下了一顆顆的椰子。正當我們準備付錢時，社區的居民卻跑過來罵人。原來這些椰子樹是有主人的，他趕緊跟我們收了錢後就跑了，不過這椰子還真如他所稱，鮮甜又美味。

04 海龜風波

在島上的第二個晚上，我報名參加那位從首都來的導遊的觀賞烏龜下蛋團，沒想到約定的時間到了，仍沒人來接我，旅館老闆看到我著急的樣子，也忙著替我聯繫，一連打了好幾通的電話，連早睡的祖母也醒來加入找人的行列。最後，我還是錯過了行程。隔天早上，島上觀光協會理事長來找我，要我寫下昨晚事件的來龍去脈，我實在不想節外生枝，但仍拗不過他們的要求，我只好籠統、客觀地描述這位導遊的失約，經過理事長的鼓勵，我決定再多留一天參加烏龜下蛋團。

翌日晚上八點五十分，大家在旅遊協會前集合，一位瘦瘦小小操著西語腔英文的阿伯是我今天的導遊，出發前他就要求我們同團的六個觀光客，沒有必要絕對不要說話，各種電子用品、手電筒當然是全程禁用，在柔和的半圓月光下，我們抱著興奮的心情前往海灘，才剛到那裡，導遊馬上發現一條深深的海龜軌足跡，一隻海龜媽媽剛下完蛋回到大海了，附近還有幾個碎掉仍有點濕濕的蛋殼，也許我們腳下就有好幾顆蛋準備孵出，真是個好兆頭！一行人興奮地繼續跟著導遊沿著海浪剛打過的沙灘走，這樣走可省力，二來也可透過海面方向照來的月光，觀察整個海灘上的狀

況；同理，既然我們可把海灘看得一清二楚，海龜媽媽從海上也可以掌握我們的一舉一動，因此「月缺」、「陰雨天」的夜晚其實才是看海龜最適合的時間。走了將近五十分鐘，我們五、六次都將漂流木誤認為海龜了，偶爾也以為自己看到了牠們的軌跡，漸漸地，「今天看不到了」的想法在心中產生，導遊看到我們垂頭喪氣的樣子，找了個地方和我們介紹海龜下蛋的常識，他生動地模仿了海龜媽媽撥沙的動作，連下蛋的頻率也用點頭快慢表示，為當晚最滑稽有趣的時刻。

　　所有導遊們都會互相用綠色的雷射光筆打暗號，即使距離遙遠也能彼此打招呼，以團隊合作來增加大家看見海龜的機率。許多當地大學的長期生態

十一、哥斯大黎加 陸海空生態樂園

志工，如同澎湖的望安團隊，也在這裡觀測並成立海龜資訊網。就在我們甫掉頭往回走時，導遊看到遠處綠色的光，那是我們當晚的最後希望了，所有人拼了老命地跑，一路上既要閃躲漂流木，還要小心不被海水濺到，但想看到海龜的慾望真的太強了，每個人不顧褲管和鞋子早就又濕又髒，等我們快跑到海灘邊界時，仍未看到那個發出綠光的人以及海龜，導遊喘著氣趕上了我們，忿忿不平地說要找出開玩笑的人。月亮慢慢變成詭譎的紫色，即將落入海平面之下，烏龜島的旅程也帶著點遺憾，步入尾聲。

隔天一早，我坐著同樣型式的長舟小船離開小島，整段航程我一共看到四隻鱷魚在曬太陽，其中一處就在之前我們的船壞掉的岸邊。到了中途轉運站時，我遇到了那位首都的導遊，他劈頭就問我，為什麼要寫那張紙，我百口莫辯，他無奈地嘆了口氣，並強調他是因為當天下午無法找到我確認，而就他過去與國外旅客交手的經驗，便當作我取消行程了。從他的言語可以感受到他到異地打拼，遇到了許多辛酸和挑戰，我則因自己在無意間造成他的困擾而感到難過，更遺憾捲進了這場異鄉人與當地人之間的工作戰爭。

然而每位哥國的導遊，其實都是經過訓練並取得合格證明，把生態旅遊當做永續企業來經營，並遵守政府立下嚴格的法律規定，每晚僅在允許的三小時內帶著遊客去看海龜，其他時間，就把整片海灘還給大自然；雖然我在綠山仍看到哥國人像過去的臺灣販賣蝴蝶標本，但正確的保育概念已因社會進步逐漸改變了人們的想法，哥國觀光可預期將越來越受歡迎。我只希望所有的海龜都能選對海岸上岸下蛋才好。

十二、巴拿馬
航向歷史與未來的運河之國

01 韓國佬，真的佩服你

幾年前就曾聽過，三星在過去還是個小公司時，老闆就召集了許多位業務員，抽籤決定每個人負責的國家，這些人單槍匹馬，不具語言生活技能無懼地闖進陌生之地；一年後，他們向總公司分析回報這一年的成果，如該市場極具潛力，公司就加碼派一整組人前去，果然三星本著這股勇氣與衝勁，今日已成為幾乎所有科技產品的世界第一。

途中有次在墨西哥市的機場轉機，機場內大型的三星展示區，架了一台攝影機，將路過的旅客投影在後面的大螢幕上，這在台灣過去常見的行銷手法，到了墨西哥卻很有新意。一群群人排隊想盡各種辦法來搞怪，拍了好多有趣的照片，一旁的路人，包含我們也感染了這股歡樂的氣氛，不過最開心的應該是行銷策略大成功的三星。針對收入中上階層的人民，三星試著打造自己成為他們的唯一選擇。

不僅是中上階層，連中下階層的行銷，三星也仍是一點都不馬虎。從烏龜島赴哥國首都聖荷西轉車，我即將前往中美的最後一站——巴拿馬；這段旅程，巴士將在中午十二點啟程，隔天凌晨四點才會抵達巴拿馬市。下午，巴士開到了路邊一家小吃店休息，乘客紛紛逃離如冰庫般嚴寒的車

子。鄰座一位中年婦人，穿著無袖上衣，一路上發抖不已。雖然我帶了
兩件外套，但稀少的皮下脂肪也擋不了這股寒冷；加上司機表示為防止起
霧，故不能調高車內溫度，乘客唯一能做的，便是多吃點東西來禦寒。這
家小餐廳的看板，1/3的面積打著三星的廣告，牆上掛著兩台三星的液晶電
視，愛看電視的中美人正盯著它看。再一次，三星無孔不入地行銷至世界
各個角落。後來我得知，這些廣告看板其實全都是三星出資做的，電視甚
至打折，賣給這些小餐廳，三星成功地完成「全面露出」的策略。

在祕魯的旅館櫃台小姐，有一天問我，三星是台灣的嗎？我說不是，
她說這樣好可惜唷！因為她愛死三星的商品了。在臺灣，社會並未針對
HTC退出巴西這個中南美最重要的市場有所置喙，卻對雞毛蒜皮的小事討
論得沸沸揚揚。世界早就不一樣了，很遺憾地，在這個階段我們認輸了，

這場世界科技賽跑，南韓早已跑遠，遠到看不到了！

四小龍？只剩我們還掛在嘴上吧！？

02 因葡萄牙而起的緣分

抵達巴拿馬市時才凌晨四點，我站在車站二樓看著一個個旅客像是落入亞馬遜河的鮮肉，正被這群如食人魚般的計程車司機生吞活剝，在他們陸續上車後，我才想起自己還沒離開。十分鐘後，我鼓起勇氣，看準一個似乎比較和善的司機走去，開口請他載我去書上推薦的某間旅館，可是這位老實的司機領著我走向隊伍的第一輛車子，原來司機們是有排隊的。這位睡眼惺忪，身材有點微胖的中年司機，邊開著車邊跟我說我要去的旅館已經改名，而且堅持他們半夜不會開門，我便請他建議另外一間旅館，才剛說出口，就想起怡安和秉琪在巴拿馬居住的不好經驗，於是馬上改口要司機載我回到原本的那家旅館，這時他生氣了，明白表示他剛繞了一段，要跟我收兩倍的車資；我堅持自己沒錯，司機嘮叨生氣著，不過等我們到了旅館門前，他還是幫我下車按電鈴叫人，老闆娘睡眼惺忪開了門，我終於可以好好休息了。

2011年一趟中東、南歐之旅，當時我拜訪了臺灣駐葡萄牙里斯本的代表處，與周麟大使有一面之緣。2012年的旅行途中，我從新聞上得知周大使現已轉任巴拿馬，於是我鼓起勇氣，興沖沖地寫信給他，與大使館秘書陳大哥來往了幾封信後，終於和忙碌的大使約好時間一同吃個飯。

巴拿馬大使館和駐西班牙馬德里代表處有點類似，都是位於市中心大樓的高樓層的一整層，不過大使館就是不一樣，一出電梯，看到了斗大的幾個字「中華民國大使館」，加上打著光的國旗，這一刻讓人無限感動。

EMBAJADA DE LA
REPUBLICA DE CHINA
(TAIWAN)

會客室桌上的木雕牛車也展現十足的臺灣味，以陶瓷裝飾的房間典雅不俗，就在我沉浸在大使館的風華時，行程滿檔的大使終於出現，隔了一年再次相會，他仍是無比的親切與友善。

　　大使、陳大哥與我一行三人到附近的餐廳用餐，我已經穿上我最正式的衣服，但牛仔褲和登山鞋仍透露了我背包客的真實身分，我如劉姥姥般跟著他們兩人走進餐廳。一邊吃著美食，一邊和大使分享這趟旅程的成果，提到各個國家的風土民情，我們一致公認中南美最棒的美食是在祕魯；後來也講到申請中南美國家簽證的難易度，大使教我一個簡單的邏輯，整個美洲，所有鄰太平洋的國家，因為和臺灣都屬亞太經合會 (APEC) 成員，他們大致上就知道臺灣是什麼地方、雙方有什麼商機等，因此臺灣人大多獲得比較友善的對待，即可免簽進入，目前美洲的太平洋岸，智利簽證雖免費但仍需申請，非友邦的墨西哥與哥斯大黎加則只要有美簽就可進入。

在周大使滿滿的行程裡，他仍願意花兩個小時和我閒聊；當時從網路新聞得知我國與巴拿馬邦誼有些問題，貿易出口是臺灣命脈，巴拿馬運河更是我們與美東、南美大國往來的主要渠道，可以想像大使的責任和壓力有多大，幸好到目前為止，巴拿馬仍是我們友邦之一，希望這份友誼可以更加穩固與長久。

03 巴拿馬市冒險記

大使和陳大哥在午餐後繼續趕往下個行程，我在他們的推薦下，下午就去逛逛巴拿馬的古城區。

巴拿馬在20世紀初由美國的策動，脫離了哥倫比亞而獨立，哥倫比亞豐富的人文背景，出了許多大文豪、歌手與知識分子；相較之下，人口不到三百萬的巴拿馬，至今僅有幾本固定出版的當地雜誌，幾乎沒有出版圖書作品，這也許和巴拿馬政府首重經濟發展有關，因此，比起其他中美洲國家，巴拿馬城也較無自己的特色。從舊城區望向市區，是一座海岸線與建築線綿延的城市，這裡也被稱作中美洲的小邁阿密，另一個負面的稱號是美洲黑錢中心。市中心一棟棟高樓大廈，夜晚，大樓幾無燈火，證明了這些建築物，大多是投機客炒作的成果。

出發前往市區西南邊的舊城區之前，陳大哥囑咐我盡量避免搭乘公車，惡名昭彰的小偷總是趁機向觀光客下手，路邊的大眼睛看板，要小偷們不要輕舉妄動，我跳進了一台分租計程車上，這種有趣又方便的當地交通工具，陌生人之間有了短暫的交集，下車後，大家各自再度沒入人海之中，似乎很多邂逅都會在這種情況下發生。

巴拿馬舊城區曾是西班牙人入侵印加王國的起點與基地，歷經幾次戰役重建，依舊可以在屋瓦巷弄中感受到殖民風味。路上有許多外觀斑駁的舊房子，看起來搖搖欲墜，隨時會倒塌的感覺，卻仍有許多膚色偏深的居民住在其中，對照起市區的繁華，巴馬拿貧富差距可見一斑；就在這時，我遇到一個加拿大華僑青年Nick，他入迷地對著這些房子猛拍照，居民開始向他叫囂，甚至一群人向他走了過來，我拍了他一下，拉他一同快走離開那裡，再跟他說一個拍攝人文風情照片的小祕訣，就是拍完照後不要再看被拍攝的對象，一旦彼此對看，會讓他們感覺到自己正被拍，所以只要把握「拍完就閃」的原則，大概都能全身而退。

Nick很不簡單，十幾年前與家人移居加拿大，大學畢業不久，已經有了自己的電腦顧問公司；這趟到巴拿馬之行就是來拜訪客戶的，並利用兩三天參觀這個城市與運河。談到對巴拿馬的印象，他也覺得這裡就像是講西班牙語的北美城市。傍晚的下班時間，因很少有人會共乘前往市區，故舊城區的計程車司機一下子把價格哄抬了三倍，Nick有事得先搭計程車離開，我則打算省錢找公車回市區。巴拿馬天黑得很快，人們紛紛從市區回到舊城區，華燈初上的街頭，喧嚷聲一下子變大了。轉了個街角，映入眼簾的是警車的警示燈、黃色封鎖線和圍觀的人潮，原來巷子裡面剛發生了命案。我毫無看熱鬧的心情，就怕等下案件主角換了人。終於讓我碰到了

個交通警察，但他卻忙於指揮交通而無法搭理我。

　　費了好一番功夫後，我到了公車站牌，好多輛公車正駛進駛出，一個流浪漢主動來幫我，他跟我說等公車來了會叫我，偷瞄了其他也在等車的乘客，似乎認同他的建議，我心想就賭一次吧！三分鐘後，公車來了，他

順手拿了我的錢並把我推上車，等門關起來時，我才發現錢還在他手上，只得乖乖再付一次錢，至少他已經幫我搭上了正確的一班車。我坐在一對母女旁邊，瞪大了眼睛，想要認出白天時熟識的街道。這時旁邊一個大學生主動和我講英文，他正要去市區補英文，想多利用機會練習，在他的幫忙之下，我順利回到了大使館。

陳大哥還在忙著，得知我是坐公車回來，放下手邊的工作和使館的當地警衛看著我嘖嘖稱奇，不斷要我確認是否有東西遺失。當晚陳大哥開車載著我在巴拿馬市區晃晃，接著我們到了一家購物中心吃飯，如果不是身邊的人講著西班牙文，這裡和美國實在沒有兩樣。

04 承載了歷史的運河

隔天一早，我和Nick約好一起前往巴拿馬市，本來計劃要參加Day Tour的他，被我說服來趟自由行，到了中央車站轉車時，一整排彩繪的巴士爭奇鬥豔，好不容易終於找到開往運河的巴士，在我們興沖沖站在巴士旁拍照時，頑皮的司機按了聲喇叭，嚇了我們一大跳。巴士晃了近一個小時，我們到了Miraflores閘門，這裡是巴拿馬運河的三個閘門中最靠近太平洋和市區的，也因此這裡遊客如織。我們一行外國觀光客，下了巴士，走了十五分鐘才抵達主建築，而就在一輛輛Day Tour巴士超過我們時，這時開始下起了大雨，大家開始拼命狂奔，雖穿著雨衣，到了門口，還是溼了一半，每個人的樣子實在太狼狽了，我們一群傻子在門口哈哈大笑了起來。

包含在門票裡的運河博物館非常值得一看，巴拿馬運河的辛酸歷史一一被揭開。其實建設巴拿馬運河是法國人的主意，選擇這裡的原因，就是因為

這個地帶有許多沼澤湖泊，開拓起來難度和成本都較低，但他們萬萬沒料到當地的蚊蚋瘴癘之氣不絕，造成了傳染疾病橫行，包含華人等許多工人因此死亡，法國人只好於1889年放棄。美國人在二十五年後接手，先遣部隊的醫生試著研究致死率最高的黃熱病；即使如此，該項建設的興建仍讓為數不少的勞工失去生命，其中最高的比例就是當地的原住民，說這裡是用人命鋪陳而成的並不為過。1914年運河完成後，美國擁有實際的掌控權，一直到1999年。直到今日，運河附近仍留下許多美國人當時蓋的軍營建築物，如剛剛下公車處，還可看到美國國旗飄揚著。運河在靠近大西洋岸的一大片加通湖 (Lago Gatún)，有棟看起來悠閒宜人的湖邊小屋，它的過去歷史讓人不寒而慄——美國和巴拿馬獨裁政府進行白色恐怖、虐囚的基地。

　　暫時忘卻這些恐怖的歷史，我們到博物館上方的餐廳前佔好位子，這裡可是一覽大船經過的最佳位置。比起商船緩慢前進的速度，一旁的卡位卻是無比迅速，不一會兒我們就被擠到後方，我只好努力拉長了脖子瞧瞧大船入港的景象。小時候，書上曾說過巴拿馬運河就是利用運河內各個閘門一開一關，讓船如同坐電梯一樣地隨著水面上上下下，此時才確定書裡所言不假。巨大的船就像頭大象走在小巷弄中，需要有艘小船在前頭引導，閘門兩旁再多兩台小車走在軌道上牽著這頭巨獸。傍晚，回到巴拿馬市，旅館老闆娘談起今天市區的豔陽高照，想起上午在平台看船的20分鐘就下了兩場大雨，如此變化多端的氣候，多少明白了這項工程被稱作

十二、巴拿馬 航向歷史與未來的運河之國

奇蹟的原因。在講求自然永續概念的今日，「人定勝天」似乎不應再被提起。為這些工程付出血和汗的人們，特別是華人，當年他們為躲避戰亂、饑荒，有些渡過黑水溝成為你我的祖先，有些飄過了太平洋來到巴拿馬，卻連回去的機會也沒有了；博物館裡有臺機器，可以查詢這群逝去無名英雄的名字，不知道當中是否有我廣東祖先的同鄉？

由於運河帶來的利潤十分豐厚，巴拿馬在2013年的人均所得估計已超過15000美金，但巴拿馬的貧富差距並未同時改善；不是位於運河通過的巴拿馬 (Panamá) 和科隆 (Colón) 兩個地區，其生活條件和過去相去不遠。2006年，巴拿馬再次通過公投，運河已開始進行擴建工程。

比起其他中南美各國的發展，巴拿馬稱得上是幸運的，然而成也運河、敗也運河，一條運河承載了人類工程史上的不朽成就；但在追求方便、金錢的當下，巴拿馬的生態和民生付出了慘痛的代價，大部分資本家靠貿易過活，故政府必須對進口品完全開放，高度仰賴運河的後果，使得自己國家無論是農業或是工業都失去競爭力。巴拿馬就像中南美國家的縮影，無論國民所得多高，大多數的民眾仍在貧窮中過活，此時人們能做的，就是閉上雙眼，躲進屬於自己的魔幻寫實世界中。

後記一

夢想・臺灣

　　羅斯福夫人 (Eleanor Roosevelt) 曾說：「未來，屬於那群相信自己美麗夢想的人們 (The future belongs to those who believe in the beauty of their dreams)。」我的勇闖中南美夢想完成了，這一路上我和11共蒐集到108個夢想，可惜其中15個夢想連同相機一起遺失了。回到台灣後，我將中南美孩子的夢想剪輯成短片，隨著分享故事到了台灣許多的學校，到底臺灣的孩子的夢想會是什麼呢？我既充滿期待又怕因現實而受傷害。

　　在家人、朋友、鄰居的幫忙下，經臺中、南投、彰化、新竹、臺北、臺東三十多所學校的同意，我帶著中南美孩子的國家、故事、夢想，用同年齡的語言和臺灣的孩子溝通，沒想到，迴響出奇地熱烈，臺灣孩子的小腦袋裡裝著各式各樣、令人驚豔的夢想。南投縣的孩子想要當女摔角選手、賽車選手與服裝設計師；臺中的孩子有人想當聯合國秘書、戰地記者與無國界醫生；臺北、新竹、彰化和臺東的孩子則分別想要開漫畫店、當太空人、環遊世界與開動物園，在場的老師既驚訝又感動地重新認識了自己的學生。

　　我也從中學到了一件事，臺灣的孩子在資訊爆炸、物質不虞匱乏的成長過程裡，他們天馬行空的幻想還是存在的，就等著大人蹲下來、搭著他們的肩、臉上露出鼓勵的表情，接著靜靜聆聽，臺灣的孩子大有作為。

然而我們仍須正式視城鄉差距在臺灣漸趨擴大的不爭事實。在家人、老師羽翼下安穩成長的孩子，可以盡情地去想、去闖；有些孩子的夢想卻僅是想帶印尼籍的母親回外婆家看看，或是希望因工作傷害而半身不遂的父親可以康復；比起中南美的孩子，在臺灣社會福利制度下，這群較為弱勢的孩子應也能衣食無缺地長大。但最讓我擔心的，是社會一面倒向炫富的氛圍，唯金錢馬首是瞻的價值觀，孩子還沒進到社會就已經被「自己」擊垮了，要改善這種偏差趨勢，有賴所有國人都找回自己的初衷，並從珍惜擁有的事物開始。臺灣，是我們的故鄉，一塊值得更多疼惜的土地；我環遊中南美的夢想，因為有朋友的陪伴、有民間單位的贊助而實現了；齊柏林有個空拍臺灣的夢想，因為有企業和導演們的支持而實現了；吳寶春有個開麵包店的夢想，有社會大眾的相挺而實現了；那麼你呢？你的夢想是什麼？在原地踏步，畢竟鞋子也是會磨損的，勇敢去追夢吧！

後記二

魔幻寫實・臺灣

　　敝國文化部長對於拉丁舞這樣描述：「所謂拉丁舞，簡直就是性愛的『舞化』，把意念的曖昧和欲念的呻吟用身體『講』出來。」就是這種印象，身在臺灣的我們，常對中南美洲有著美好的遐想，忽略了家家有本難念的經，習慣於未雨綢繆的我們，一想到臺灣的未來，就自動進入了負面思考的無限迴圈當中。

　　近年來媒體與政治亂象，一味追求物質生活的圓滿，讓身在寶島的我們失去開心的權利與知足的動力；攻擊與傷人的語言取代了讚美與關懷；抱怨與自卑佔據了心中本來勤奮與知足的位子；島上資本主義儼然成為犯眾怒的主因。反觀共產國家古巴，一般人將其聯想到貧窮與疾病，然而古巴的教育普及率、醫療先進程度，卻可媲美歐美大國；今日的中南美，很多國家都有來自古巴的醫生支援，此時共產主義成為許多古巴國內文青心中的萬靈丹；社會主義又真的如此好嗎？不愛看書的臺灣人很難想像，每年二月的古巴書展總是大排長龍，他們不是排隊要動漫或日本聲優的簽名，而是為了搶仍被政府控制的印刷業每年印製的鳳毛麟角的出版品；捷克作家米蘭・昆德拉的玩笑式敘事手法，同樣點出社會主義下人性的真實與不堪；臺灣，是否有可能找出另一種可能？

歌德一百年前就已明確表示，學習世界史的時代已然到來，走向世界是**趨勢**，更需去實踐。有人曾說中南美人們有熱情沒感情，在這塊動盪不安的土地上，如不及時享樂，難保你還有下個機會。「放得下」的生活方式與哲學，其實是中南美民眾唯一的選擇。翁山蘇姬曾說：「唯有離開它（故鄉），才能看清它。」在這趟實踐夢想的旅途，走遍萬水千山，中南美的魔幻與寫實交錯出現，睜開雙眼看到的是異國情調的大山大水，我終於體會令人嚮往的魔幻與殘酷的寫實是並存的。

　　我閉上眼，腦海裡出現臺灣人的良善與勤奮，土地的溫暖與呼喚仿佛在耳邊與心中輕輕地響起；一趟旅行，讓身為臺灣人的責任與驕傲充盈我心，臺灣的魔幻由我們編織，台灣的寫實，請讓我們一同面對與解決，臺灣一定會更好。